AF547196

ISIA
MEDIA

Леонид Костюков

ВЕЛИКАЯ СТРАНА

Роман

2023

Bibliografische Information der Deutschen Nationalbibliothek:
Die Deutsche Nationalbibliothek verzeichnet diese Publikation in der Deutschen Nationalbibliografie; detaillierte bibliografische Daten sind im Internet über
http://dnb.dnb.de abrufbar.

ISIA Media Verlag, Leipzig 2023
Umschlaggestaltung: ORDEN COMPANY LTD, Praha
Леонид Костюков «Великая страна»

Alle Rechte vorbehalten
© Леонид Костюков
© ISIA Media Verlag, Leipzig

Printed in Germany

ISBN 978-3-910741-03-4

Об авторе

Леонид Костюков – прозаик, поэт. Окончил МГУ (1981) и Литинститут (1989). Автор 4 книг прозы, 2 книг стихотворений, двух учебников (по журналистике и логике), книги «Киностолица» про образ Москвы в кино, а также более 100 публикаций в периодике стихов, прозы и критики («Новый мир», «Знамя», «Октябрь», «Дружба народов», «Арион», «Воздух», «Интерпоэзия», «Крещатик», «Новый берег», «Формаслов» и т.д.).

Переводился на английский, французский, польский, испанский, сербский, иврит. Вел мастер-классы по поэзии и прозе в Москве, Петербурге, Ростове-на-Дону, Таганроге, Перми, Новосибирске, Саратове, Тольятти, Вологде, Одессе. Член жюри, эксперт, лауреат и финалист нескольких литературных премий.

Живет в Москве.

Часть первая

БАГАМСКИЕ ОСТРОВА

Глава 1. Происхождение Мэгги

В конце девяносто седьмого Давид Гуренко сумел слегка подзаработать. Партнеры по бизнесу посоветовали ему немного расслабиться на Багамских островах. Там он сделал пластическую операцию на бровях и носу, а потом, поддавшись глупой рекламе, и переменил пол – на время, ради острых ощущений. После операции и адаптационного периода Дейла – так ее теперь звали, – выворачивая на хайвей, засмотрелась на собственную аккуратную американскую грудь и вмазалась в рекламный щит. Новоиспеченная вумен прошила головой пятиметровый стакан с Кока-Колой и, как вы уже догадываетесь, потеряла память. Хуже того, ее косметичка с документами укатилась в траву, и полицейский инспектор, чертов тупой пуэрториканец, который держался в отделении только за счет того, что местный лейтенант ненавидел пуэрториканцев и вынужден был это скрывать, так вот, инспектор ее не нашел. В итоге на койке местного госпиталя оказалось длинноногое приблизительно женское тело со множеством шрамов. В него вкачали семь кубиков парацетамола, а назавтра вызвали психоаналитика.

Психоаналитик долго морщил губы, а потом задал молодой леди несколько тонких и одновременно острых вопросов.

1. Не сосала ли она в младших классах шариковую ручку. Не грызла ли ее.

2. Не испытывала ли желания дернуть за стоп-кран или поработать огнетушителем.

3. Как складывались ее отношения с отчимом.

4. Нравилось ли ей вставлять вилку в розетку.

5. Приходилось ли ей есть огурец целиком.

Дейле было нелегко ответить на все эти вопросы. Во-первых, она неважно знала английский и лающую речь психоаналитика понимала хорошо если на треть. Во-вторых, во рту у нее все распухло. В-третьих, она ни черта не помнила. Поэтому на все вопросы она ответила неуверенным и жалобным «да», больше напоминающим блеяние. Из этого психоаналитик заключил, что молодая леди, скорее всего, выросла в проблемной семье, глухо завидуя старшему брату, потому что у того был пенис, и втайне желая переменить пол, чтобы трахнуть собственного отца. Будучи опытным медиком, психоаналитик заметил косметические шрамики и отнюдь не принял их за последствия аварии. Он диагностировал их как следы от операции по высветлению кожи.

Наутро компьютер вывел данные о трех симпатичных мулаточках, пропавших в течение последнего года в Айове, Огайо и Айдахо. Ориентировочно одна из них лежала теперь на койке у окна в провинциальном госпитале на Багамах, смотрела на синее небо и то вспоминала слово *синий*, то опять забывала его.

За три дня до выписки Мэгги (так теперь называли Дейлу, по первым буквам имен трех пропавших мулаток), когда уже был куплен на ее медицински удостоверенное имя билет для начала в Джексонвилл, штат Айдахо, в кабинет главврача госпиталя зашел редактор окружной газеты Горли Томсон.

Глава 2. Проект окружной газеты

Главврач Джерри Скайлз, цветной лысый мужчина примерно трехсот двадцати фунтов весу, расстегнул рубашку и подставил мясистое лицо бесшумно вращавшемуся кондиционеру.

– Хай, Горли, – сказал Скайлз. – Возьми джус в холодильнике.

– Тебе вынуть?

– Уверен. Как ты поживаешь?

– Благодарности. Как мой крестник?

– Затрахал всю семью и няньку впридачу.

– Рад, что у вас все в порядке.

– Благодарение Богу.

После этих машинально произнесенных фраз Томсон, человек с широкой спиной, достал кисет и принялся набивать трубку.

– Хороший табак, Горли?

– Где теперь купишь настоящий табак.

– Да. Мой отец каждый сентябрь ездил к чероки за настоящим табаком.

– Где теперь найдешь настоящих чероки.

– Только на техасской ярмарке.

– Но почему, Джерри, я умоляю тебя?

– Потому что на техасской ярмарке все можно найти.

Скайлз деликатно дождался, пока Томсон перестанет смеяться и вытрет глаза, а потом выключил кондиционер и посерьезнел.

– Слушай, Горли, – сказал он, – я готов заложить собственные шары, что ты пришел сюда не просто узнать о здоровье крестника.

– Тебя не проведешь, – сказал Томсон задумчиво. – Хорошо. Короче, Джерри, мне нужна твоя девчонка.

– Моя старуха? Салли?

– Великий Боже! Конечно, нет. Траханные черти! Джерри, у тебя есть выпивка?

Скайлз величественно указал на бар.

– Фух. Уверен, что не Салли. Я говорю о твоей идиотке, которая вмазалась в щит на шестнадцатой миле.

Главврач Скайлз с озабоченным видом поднялся из-за стола, отодвинув его животом. Потом подошел к окну и озабоченно осмотрел газон. Потом подошел к Томсону и положил ему руку на локоть.

– Ты видишь, Горли, – озабоченно сказал Скайлз, – я не спрашиваю тебя, зачем тебе нужна эта идиотка. Более того, я уже двадцать два года знаю Бетти и понимаю тебя очень хорошо. Я не понимаю, как ты не решился на такое раньше. Надеюсь, мы друзья, и я не стану тебе врать. С одной стороны, ситуация идеальная. У девчонки нет ни мозгов, ни родных, ни документов. Стоит снять ей угол в Восточном районе... Но с другой стороны, ее видел тут персонал. Были запросы. А что если завтра тут объявится федеральный агент с шилом в заднице и начнет...

– О, Джерри! – перебил Томсон главврача. – Я уверен, что мы не очень хорошо понимаем друг друга. Мне нужна эта девчонка не для интимного секса. Я хочу сделать с ней несколько больших интервью.

– Но зачем? Что ты надеешься услышать от высветленной сучки, у которой, к тому же, вышиблены мозги?

– Видишь ли, Джерри... – Томсон в затруднении прошелся по комнате.

– Ну.

Томсон подошел к шторе и задернул ее.

– Девчонка не та, за кого себя выдает.

– Это нелегко, Горли, учитывая, что она ни за кого себя не выдает.

– Ты прекрасно понимаешь меня. Начнем с того, что никакая она не высветленная. И английский у нее не заторможенный, а просто неродной. Десять к одному, она из России.

Скайлз недоверчиво поднял бровь.

– Да, да, дружище. Ее костюм из русского магазина возле аэропорта. Потом, по словам старшей сестры, она пытается заначить одноразовую посуду.

– А шрамики...

– Она подрезала нос. Скорее всего, это русская евреечка или грузиночка, они не любят собственных носов. А если она оперировалась в ближайшем центре у Перкинса, он вполне мог уговорить ее и на перемену пола. Он набирает статистику для диссертации.

– А почему не уговорил, если мог?

– А почему ты думаешь, что не уговорил?

Скайлз недоверчиво пощелкал губами.

– Допустим, Горли. Допустим. Допустим, наша красотка Мэгги – затраханный жизнью русский еврей. Я, кстати, прямо сейчас позвоню Перкинсу и уточню. Допустим, ты попал в точку и идентифицировал это... человеческое существо. Поздравления. Но ради Иисуса, причем тут интервью? Она... он же двух слов не вяжет.

– Это по-английски.

– Допустим, ты решишь проблему перевода с русского. Это не проблема. Но скажи мне, Горли, скажи старому черному придурку, зачем тебе каша из его головы?

Горли Томсон поднял глаза на собеседника, и тот вздрогнул.

– Мне интересно, – очень серьезно сказал Томсон, – что расскажет о себе и своей стране человек, который не помнит толком ни того, ни другого. Который не в состоянии отделить иллюзию от факта и воспоминание от мечты. Одна просьба, Джерри. Две. Не звони Перкинсу и обменяй билет Мэгги на более поздний срок.

– Хорошо, – сказал Скайлз, подумав добрую минуту.

Глава 3. Мэгги вспоминает Россию

Ясным погожим утром дверь в палату Мэгги открылась и в нее вошли гуськом четверо мужчин. Один из них попробовал так и сяк обратиться к больной девушке на не известном ей языке, потом пожал плечами и сказал другому, вероятно, начальнику:

– Ну, Горли, я догадываюсь, она не говорит по-русски.

– Приятно, – отозвался тот слегка ошарашенно и поправил на носу красивые роговые очки. – Я думаю, Вячеслав, ты свободен до завтра.

Оставшиеся трое обсели Мэгги со всех сторон и посмотрели на нее соболезнующе.

– Хорошо, Мэгги, – сказал тот, которого только что ушедший назвал как-то на букву «г», – можем мы с вами поговорить немного?

– Да, – произнесла Мэгги дохло.

На этих словах второй мужчина бдительно взглянул на показания приборов, а третий уверенным движением включил диктофон.

– Ваше имя, пол, национальность.

– Мое?

– Уверен.

Мэгги так сморщила лицо, словно ей показали операцию на кишечнике.

– Болит голова, – ответила она уклончиво. Потом ее мордашка просияла, и ладонь под одеялом заскользила к середине тела. Горли понял ее намерение и покачал головой.

– Нет. Это не необходимо. Как вы помните.

– Никак не помню.

– Приятно. Может быть, у вас есть какие-то просьбы.

– Да. Я хочу гамбургер.

Горли вполголоса распорядился – и его ассистент потек в путь за гамбургером.

– Скажите, Мэгги, вы ведь не против, если мы вас первое время будем называть Мэгги?..

– Уверена.

– Итак, Мэгги, вы любите свою страну?

– Да. Очень много.

– Расскажите о ней. Что помните и как помните.

Мэгги посмотрела в угол палаты и начала монотонно говорить, словно читала с медленно бегущей строки.

– Моя страна очень большая. Она такая большая, что никто еще не проехал ее из конца в конец, а те, кто проехали, уже одним этим вошли в ее историю и дали ее окраинам свои имена. Она такая большая, что даже когда от нее по исторической случайности отпадают целые края и области, она не становится меньше. В середине ее нет ничего, одни мили. По ее великим рекам идет лес, а навстречу ему, против течения, прется на нерест лосось. Он продирается прямо сквозь лес, застревая в дуплах, напарываясь на острые сучья, обдирая чешую о шершавую кору. И тогда даже с берега видно, какая розовая вода.

– Иисус! – прошептал, крупно дернув плечами, врач. – Чтоб тебя!

Томсон выразительно взглянул на врача, и тот заткнулся.

– А расскажи, Мэгги, пожалуйста, на чем там чаще ездят, на оленях или на собаках.

– По узким улицам удобнее на собаках, а по проспектам – на оленях. Олени подобают руководителю среднего звена. Когда два встречных оленя сцепляются рогами, образуется пробка. Погонщики стоят и спорят, чей олень неправ. На много миль олени встают или вынуждены двигаться по брюхо в глубоком снегу. По верху снега ледяная корка. Олени разрезают ее собой. На вспоротом снегу остаются розовые разводы. Собаки бегают и кусают оленей за икры. Лица цепенеют на морозе. Обыкновенно человек в середине пробки забывает, куда ехал, и даже когда можно ехать дальше, стоит и вроде бы думает. Иначе, когда у оленей гон. Тогда собак не допускают на проспект, а олени мчат экспрессами, а если сталкиваются рогами, то все равно не останавливаются, а только искры и обломки рогов. Потом их собирают и обрабатывают, как янтарь. А еще выделяют специальное молоко.

– Хорошо, – сказал Томсон, внимательно глядя в глаза Мэгги. – А скажи, девочка, у тебя был жених?

Мэгги, не отвечая, смотрела в глаза Горли, потом ее глаза наполнились слезами, а потом слезы стали вытекать и капать на белую подушку.

– Мэгги, дорогая, если я...

Но тут врач довольно грубо оборвал Томсона, указав ему на угрожающие колыхания стрелок на приборах. Мужчины быстро собрались и вышли. В коридоре им встретился посыльный с гамбургером; они передали гамбургер бедной Мэгги через старшую сестру.

Глава 4. Побег

Когда назавтра те же четверо, постучав, вошли в палату Мэгги, ее кровать была наспех застелена, а на окне металась штора.

– Вышла в дабл, – предположил вполголоса Томсон, – подождем.

Когда через полчаса Мэгги не появилась, Томсон начал беспокоиться.

– ...у Фергюсона подача как у моей бабушки. Я скажу тебе больше: у него нет подачи. Если против него выставить слепого инвалида корейской войны и обещать ему, что его расстреляют, если он отобьет, он все равно отобьет, потому что Фергюсон так подает, что человек не может не отбить. Если он от смеха уронит биту, то отобьет концом. Ты можешь выколоть мне глаза, если эти глаза увидят, как Фергюсон подаст и эту подачу не отобьют. Если он уедет в Йеллоустон и подаст там на пустынной поляне, то и там найдется траханный опоссум, который отобьет эту подачу. Я скажу тебе больше: если Фергюсон сморкается с борта катера в воду, парализованный тунец отбивает хвостом соплю. Это судьба. Это больше чем судьба. Если бы я встретил того кретина, который посоветовал Фергюсону заняться бейсболом...

Диктофонист слушал врача, приоткрыв от избытка внимания рот и не упуская ни слова.

– ...но Фергюсон просто профессор по сравнению со Спаркеттом. Когда я вижу, как Спаркетт ковыляет на поле со своей рыхлой спиной, как почва в Мэриленде, опираясь на биту, потому что иначе он рассыпется в вонючую труху, я плачу слезами, едкими как муравьиный уксус. Когда фамилию Спаркетта в составе команды заносят в компьютер, он автоматически распечатывает ей протокол с поражением. Если бы Фергюсон подал на Спаркетта, Господа Бога хватил бы инсульт, потому что подачу Фергюсона невозможно не отбить, а Спаркетт не может отбить ничьей подачи. Мир бы рухнул, не продравшись сквозь это противоречие. Сириус бы протух...

– Я догадываюсь, потух.

– Уверен. Потух...

– Джентльмены, – решился вмешаться в этот разговор Томсон, – я догадываюсь, наша красотка Мэгги не в туалете. Не могла ли она сбежать?

– Дерьмо! Дерьмо! – машинально отреагировал диктофонист. – Но как?

Томсон подошел к окну и резким движением отдернул штору. Его сотрудники подошли и заглянули ему через плечи. Этаж оказался первым.

Томсон выразительно посмотрел на диктофониста и врача, вздохнул и вышел из палаты.

В эту минуту Мэгги сидела на террасе фермы в полумиле от госпитале и, давясь, ела восьмую оладью с кленовым сиропом. Напротив нее сидела сухопарая леди лет семидесяти в джинсах и майке с надписью «Попробуй меня». Леди ревниво следила за тарелкой Мэгги и, как только там оставалось четыре оладьи, метала туда пятую и шестую.

Глава 5. Обед на ферме

– Благодарю вас, Эрнестина, – произнесла Мэгги с глуховатым рокотом между значащих звуков, – я не голодна.

– Ты худая, как рыбий скелет, – угрюмо отозвалась фермерша. – Посмотри на меня. Я в полтора раза толще тебя, а ведь меня бросил муж из-за Барбары, которая весит триста сорок фунтов. Тебя бы мой муж прошел насквозь, даже не заметив.

– Если откровенно, я совсем не нуждаюсь в вашем муже.

– Ты так говоришь, потому что совсем его не знаешь. Он был бы прекрасный мужчина, если бы не так пил.

– Я охотно доверяю вам, но...

– Не разговаривай. Ешь. Я не привыкла разговаривать с селедкой, которая весит меньше, чем рождественская индюшка.

– Мне кажется, я не такая худая, как вы думаете. Я никогда не испытывала проблем от того, что я худая.

– Ты просто не представляешь себе своих проблем. Когда ты была последний раз у психоаналитика? Когда у тебя последний раз была любовь с мужчиной?

Мэгги затруднилась ответить на оба вопроса и кокетливо покраснела.

– Ты видишь, – удовлетворенно заключила леди Эрнестина, – итак, ешь.

Мэгги повозила оладью в сиропе, но дальше этого не пошло.

На горизонте полыхал то ли закат, то ли восход, выполненный в ярко-сиреневых тонах. По небу разливался томительный холод. Справа и вверху резко кричала птица. Вдали, против плавного света, располагался искусно вырезанный силуэт леса. Пронзительно пахло свежескошенной травой; запах походил на арбузы и огурцы.

– Как прекрасен Божий мир, – неожиданно для себя прошептала Мэгги, и ее глаза наполнились слезами.

События, составлявшие ток ее жизни, виделись ей сейчас как сквозь мутную пелену, но все равно они были мелки и незначительны, а в истоке их стоял дешевый азарт. Невозмутимая красота природы не нуждалась в Мэгги, как и человеке вообще.

– Божий мир прежде всего удивителен, – сварливо отозвалась старая леди. – Тридцать лет назад я вела спецкурс в Гарварде и за двести ярдов отличала Матисса от копии Матисса. А теперь я поливаю эту сохлую землю, и ей кажется, что я поливаю ее уже столетие. А где я окажусь через десять лет? Может быть, буду бегать по прерии со стаей койотов и драться за кусок падали.

– Посмотрите на меня, – задумчиво сказала Мэгги. – Я сбежавшая из госпиталя простая американская бабенка...

– Худая.

– ...пусть будет так. Но еще месяц назад я была бывшим инженером в России, покупала различное дерьмо у одних и впаривала немного дороже другим, а здесь и здесь у меня находились такие баклажаны, что мало не покажется. Вопрос, кем я была два месяца назад и где буду через два месяца.

– Господь...

– Да. Да. Господь. У вас в детстве был калейдоскоп?

– Уверена. Он есть и сейчас.

– Там каждый узор достоин того, чтобы его выложили на стене огромного дома из ценных цветных камней. Но ты вертишь калейдоскоп, пока он не сломается. Но скажите, Тина, куда девается предыдущий узор в калейдоскопе, когда стеклышки встряхиваются и складываются в новый узор? Вот что беспокоит меня. И если есть Существо, постигающее Вселенную как комикс, то зачем Ему коллекция бывших узоров?

Эрнестина, хлопоча над кофейником, пожала плечами, да так по-русски, что у Мэгги засосало в хорошенькой груди.

– Я думаю, найдется кому побродить среди пропавших узоров. У меня была соседка еще в Миссури. Я не буду долго рассказывать тебе о ней, просто скажу: если действительно есть рай и если действительно там отдыхают те, кто этого заслуживает, то ее там три штуки: девочка в фартуке с оранжевой лентой в волосах, девушка двадцати лет и усталая миссис в пятьдесят. Потому что для многих людей рай будет не в рай без этих девочки, девушки и миссис. И они... не заменяют одна других. Как ты думаешь, приятно будет старому отцу обрести в раю сына, но таким же старым отцом? Я думаю, рай похож на череду отражений, как в салоне готового платья где-нибудь в Вегасе.

– Дай вам Бог это вволю разглядеть.

– А я не тороплюсь, – отозвалась Эрнестина сухо. – Как ты думаешь, девочка, это не за тобой?

На шоссе в облаке пыли ползла машина ядовито-зеленого цвета, за ней, во втором облаке, – ярко-желтая.

Глава 6. Продолжение обеда

Не прошло и пяти минут, как на террасу леди Эрнестины гуськом поднялись трое мужчин. Первым шел уже знакомый Мэгги Горли Томсон, вторым – огромный пучеглазый негр, поминутно вытиравший со лба и щек крупные капли пота. Третьим – белый с вислыми патлами какого-то ржавого цвета. Мэгги брезгливо отвела взгляд; он упал на лужицу кленового сиропа. Мэгги церемонно поздоровалась с Томсоном и уставилась на горизонт. Эрнестина ушла в сад за фруктами.

– Хай, Мэгги, – стильно отвечал Горли. – Познакомься, мои друзья Джерри Скайлз и Гленн Перкинс, оба медицинские работники. Гленни имеет тебе кое-что сказать.

– Э-э... Мэгги... вы сядьте.

– Я сижу.

– Действительно. Я имею для вас новость... я думаю, хорошую. Я знаю, кто вы, – Перкинс откашлялся, – Дэйла. Вы...

Мэгги подняла ладошку.

– Вы хотите сказать, что я Давид Гуренко из России, 1972 г.р., инженер-термомеханик по образованию, которого вы подравняли тут и тут, как лиса медвежат. Я благодарна вам за эти сведения, они возбуждают мою память. Дело в том, однако, что я сама в этом не уверена.

– Мафия? – быстро переспросил Перкинс, сверля Мэгги глазами. – Фальшивые документы?

– Нет. Просто меня там нет. Я помню в принципе все, но меня там нет. Это как фантики без конфет.

Скайлз разлепил губы и сказал:

– Ну, Горли, я тебя предупреждал.

– Но о чем, Джерри?

– Россия. Метафизика. Тождественность себе. Чехов, Бердяев, Станиславский, Лев Яшин. Ты увязнешь в этом, как гусь в собственном жире в духовке.

– Скажите, Дэйла, – немного ошарашенно продолжал Перкинс, – но вы действительно вспомнили мою клинику?

– Уверена. Внешняя пышность и плохо скрытая скаредность; по ширине улыбки медсестры восстанавливается размер кошелька больного.

– В десятку, – прошептал Томсон. – Извини, конечно, Гленни.

Перкинс подарил Томсону яростный взгляд и обратился к Мэгги сухо.

– Я надеюсь, вы не имеете претензий к моей клинике?

– Нет, я их не имею.

После этого Перкинс откинулся на спинку плетеного стула, с благодарностью принял от Эрнестины яблоко и всем своим видом показал, что больше не участвует в разговоре.

– О! Я догадываюсь, – выше своего обычного тембра заговорила Эрнестина, – вы редактор «Айлэнд ревью». Меня потрясла ваша прошлогодняя статья об однорукой пианистке. Она сейчас гастролирует?

– Насколько я знаю, да. Сейчас она в Европе. Более того, два очень известных музыканта и аранжировщика транспонируют для нее классику.

– Это потрясающе! Я понимаю, в студии...

– Ну да, в студии у нее была возможность раздельного исполнения партий левой и правой руки, а потом при наложении корректировать, но она... Эмма Гарднер, да, Эмма Гарднер – она гастролирует, и с большим успехом.

– А тут сидишь с двумя руками и постепенно гниешь, – неожиданно вставил Скайлз.

– От кого я это слышу, Джерри? От первоклассного хирурга и блестящего администратора?

– Хирурга? Ты посмотри на эти окорока. Салли не доверяет мне потрошить курицу. Разрез брюшной полости последние пятьдесят раз у меня получался вместе с операционным столом. Теми инструментами, которые я зашил в больных, можно экипировать «Макдональдс». Однажды после ампутации мизинца я мизинец отправил в реанимацию, а остальное смахнул в ведро. Но это пустяки по сравнению с тем, что я сотворил с Шоном Брайеном. Ты знаешь, Горли, в чем разница между фаршем и паштетом?..

Эрнестина стремительно выскочила из-за стола, прикрыв рот ладонью.

– Мне кажется, – мягко произнес Горли, – ты преувеличиваешь. Кроме того, как администратор...

– Ты хочешь знать, какой я администратор. Хорошо. Я скажу тебе, какой я администратор: по сравнению с тем, какой я администратор, я первоклассный хирург.

Воцарилось тягостное молчание.

– Может быть, принести выпить? – спросила Эрнестина, найдя в себе силы вернуться к столу.

– Уверен, – мрачно ответил Скайлз, не шелохнувшись ни одним фунтом своего массивного тела, – виски и чуть-чуть содовой.

Перкинс сделал неопределенный жест рукой, который можно было бы интерпретировать как то же самое.

– Мэгги, – сказал Томсон, – не хочешь ли прогуляться?

– Почему нет, – ответила Мэгги задумчиво.

Глава 7. Прогулка по шоссе (туда)

Желтый «линкольн» мчался по гладкому шоссе, глотая мили одну за другой, как пилюли. Пейзаж между тем не менялся: равнина, небо, горы, узкая полоска моря. Автомобиль шел так ровно, что казался шизофреническим станком, перерабатывающим пространство впереди в пространство сзади.

Поначалу Мэгги думала, что Томсон везет ее в какое-то живописное местечко, где они погуляют, но потом догадалась.

– А, Горли, это мы так гуляем?

– Уверен, – удивленно отозвался Горли, – а ты думаешь, что нет?

– Я думала, мы пройдемся пешком, разомнем ноги.

– Отвезти тебя в тренажерный зал?

– Зачем? Вертеть колеса кретинского велосипеда, который никуда не едет, среди духоты и запаха пота?

– Ты полагаешь, что там сломался кондишн?

– Да дело даже не в этом. Среди этих американских самодовольных придурков... Извини, Горли.

Томсон промолчал милю, а потом спросил:

– Почему вы, русские, считаете, что вы умнее всех?

Мэгги поразмышляла и нашла верный ответ:

– Наверное, потому что это так и есть.

Это Томсону оказалось нечем крыть, и он промолчал еще полторы мили.

– Мэгги! – произнес он свежим голосом, словно начиная разговор с новой страницы. – Знаешь, когда я еду с девушкой, она обычно садится мне на колени.

– Угу, – согласился бывший русский инженер, думая о своем и абсолютно искренне не поняв намека, – один мой старый сотрудник тоже так ездил. Это был редкий мудак.

– Но русские машины плохо для этого предназначены. Они вонючие и тесные. А тут воздух свеж, как новости в CNN. И видишь, Мэгги, борт будто специально выгнут, чтобы не было тесно.

– Это приятно, Горли. Давай как только заметим на обочине шоссе девушку, посадим ее тебе на колени.

– Но я говорю о тебе. Я хочу тебя садиться мне на колени.

Мэгги переварила англоязычную конструкцию, слегка вспыхнула и сказала:

– Сожалею, это невозможно.

– Но почему? – продолжал Томсон напористо. – Давай поговорим об этом. Может быть, тебя смущает то, что ты была мужчиной.

– Может быть.

– Но почему? Давай поедем к моему психоаналитику, и если он освидетельствует, что у тебя остались комплексы после операции, мы засудим этого халтурщика Перкинса так, что его не к каждому мусорному баку допустят. Может быть, ты не знаешь, но женщины, которые сами приняли решение стать женщинами, а не родились ими по случайности судьбы, обычно выше средней сексуальной активности. Ты что же, Мэгги, сделалась женщиной, чтобы остаться старой девой? Это не стоит денег. Или ты хочешь в таком виде охотиться за девчонками? Учти: тебе достанутся одни лесбийские стервы, которые, к тому же, если только узнают, что ты на самом деле мужик, оторвут тебе... ну, словом, найдут, что оторвать. Или тебя интересуют голубые...

У Мэгги пошла кругом ее хорошенькая головка.

– Смотри за дорогой, Горли, – попросила она.

– Да зачем, траханное дерьмо, тут смотреть за дорогой?! Это, я догадываюсь, у вас в России надо постоянно смотреть за дорогой, потому что на ней через каждые полторы мили то болото, то сползает ледник, то выскакивает белый медведь! А тут можно уснуть на скорости восемьдесят миль, проспать пять часов и проснуться в Техасе, и то только оттого, что тебе суют гамбургер в окошко на полном ходу. Ты не поверишь, Мэгги, но однажды в восемьдесят шестом я подвозил цветную девчонку, у которой буфера были круче, чем у моей тачки. Клянусь Америкой! И когда она села мне на колени, я ничего не видел кроме ее сисек. Не потому что я маньяк и уставился на эти сиськи, а просто по законам оптики. Они заслонили мне остальную Вселенную. И как ты думаешь, Мэгги, я сбавил скорость хоть на милю?

– Я думаю, – терпеливо ответила Мэгги, – ты как истинный ковбой не сбавил скорость ни на фут.

– В десятку! И как ты думаешь, Мэгги, сбил я при этом хоть одного муравья на шоссе?

– Я думаю, Горли, что ты думаешь, что не сбил, хотя если бы сбил, то вряд ли бы заметил.

Лицо Горли помрачнело, но потом понемногу прояснилось.

– Уф. Ну и завернуто. Ты не могла бы, Мэгги, записать мне это предложение?

– Оно тебе не пригодится.

– Хорошо. Так на чем мы остановились?

– На черных сиськах, заслонивших тебе Вселенную. Но мы не остановились, а мчались дальше сквозь свежий ветер прерий.

– Нет. Мы остановились на твоих комплексах. Может быть, тебя смущает, что я старше тебя? протестант? гуманитарий? англосакс? Кстати, одна из моих прабабушек была еврейка, и ее звали Мириам. Ты видишь?

– Твою прабабушку?

– Нет, просто так говорят. Ты должна абстрагироваться от прошлого. Вот, например, я. Мне совершенно безразлично, что ты жила в России, была мужиком, купалась в сугробе, валила березы и вручную собирала ракеты на подземном заводе. Я вижу тебя сейчас, и ты мне нравишься. Мало ли кто кем был. Я скажу тебе: давно, когда мне было двадцать, я был коммунистом. Два года я был коммунистом, а потом перестал. Ты видишь?

– Но, Горли, если бы мне захотелось посидеть на коленях у бывшего коммуниста, было бы глупо ехать из-за этого в Америку. Мне нравится сидеть на кресле в твоей машине. Оно мягкое и упругое.

– Действительно? – обрадовался Горли, но потом понял, что это часть аргументации отказа, и померк. Потом просиял, найдя еще один довод: – Но если бы ты посидела у меня на коленях, ты могла бы сравнить.

– Нет, Горли. Если русская девушка говорит нет, это значит нет.

– Но мы можем хотя бы поцеловаться? Тебе не придется даже вставать с места, такого упругого и мягкого.

– Давай попробуем, – согласилась Мэгги.

Ради такого случая Томсон остановил «линкольн», обстоятельно прыснул себе в рот какой-то аэрозолью, словно морил там насекомых, потом осторожно наклонился к Мэгги и наградил ее поцелуем в губы. Мэгги вяло ответила. Тогда Томсон привалился к ней уже тяжелее, начал аккуратно мять ей плечи и грудь, заехал по ноге коленом... Из встречной полицейской машины его приветствовали свистом, шутливым визгом и смехом, он отсалютовал рукой и снова вернулся к своей деятельности. Он полузакрыл глаза и начал пыхтеть, словно волочил шкаф. Тут Мэгги высвободилась вежливо, но твердо. Горли на две долгие секунды завис, как компьютер, потом отсел на свое место, поправил пиджак, подтянул галстук, достал трубку и начал ее набивать.

– Прости, Горли, – сказала Мэгги, – но мне что-то...

– Нет проблем. Все отлично.

– Я прекрасно к тебе отношусь. Ты классный журналист и чудесный парень. Но... постарайся меня понять... у меня такое впечатление, что просто человек целуется с человеком.

– Ты хочешь сказать, мужчина с мужчиной?

– Это бы еще ничего. Я хочу сказать то, что говорю. У меня было пять по английскому, и Роза Алексеевна ставила меня в пример остальным.

– Приятно. Но, Мэгги, а что же делать человеку с человеком? Обязательно целиться друг в друга стеллзами?

– Ты прямо максималист. Хватит дуться, Горли, улыбнись, иначе я тоже надуюсь, как пузырь от жвачки.

Томсон потер нос и улыбнулся.

– Хорошо. А теперь поехали назад, а то Тина, наверное, волнуется.

– Уверен.

Глава 8. Прогулка по шоссе (обратно)

Не успели они развернуть «линкольн» и проехать три мили, как увидели на обочине голосующего белого с цветастым рюкзаком за спиной. Томсон затормозил и плавным задним ходом подчалил к хозяину рюкзака.

Это оказался небольшой дедушка лет семидесяти с лицом цвета хорошей ветчины. На его чумазых ногах красовались сандалии, Мэгги могла бы поклясться, советского производства.

– Хай, – сказал дед. – Подбросите до поворота на Чертову гору?

– Уверен, – сказал Горли.

Дедушка, не спеша садиться, оглядывал открытый салон «линкольна» хитрыми глазами.

– Страсть как не хочется, – изрек он, – лезть на это траханное заднее сидение. Толком не поболтаешь. Может быть, мы как-нибудь поместимся впереди втроем?

– Легко, – флегматично сказал Томсон, – если ты уговоришь мисс сесть к тебе на колени.

– Я за, красотка, а как насчет тебя?

– Насчет меня, – сухо сказала Мэгги, – так: у меня геморрой третьей степени, и мне мой доктор запретил сидеть на костях.

– Бедняга! – искренне расстроился дед. – Ты пробовала мазь из гадючьего яда? Мою старуху он поставил на ноги за три месяца. Слушай: берется молодой самец гадюки...

– Мы не могли бы, – прервал его Горли, – продолжить этот разговор внутри машины?

Дед пролез на заднее сидение, и они помчались навстречу ветерку.

– Я вижу, вы едете на запад, – сказал дед через пару миль. – Кстати, меня зовут Слейтон Курли.

– Слейтон – это имя? – поинтересовался Томсон.

– Уверен.

– А меня Горли Томсон. Горли – имя.

– А Томсон?

– Фамилия.

– Я догадываюсь, парень, у тебя есть и второе имя.

– Дионис, – ответил Томсон после паузы.

– Итак: Горли Дионис Томсон?

– Да. Дионис – это...

– ...бог виноделия у античных греков. Римляне называли его Вакх. Я в курсе.

Пару миль проехали молча.

– Я все еще Слейтон Курли, – снова заговорил дед сзади, – а ты, дочка?

– Мэгги. Мэгги Дэйла Гуренко.

– Приятно, Мэгги, а ты едешь на запад путешествовать или возвращаешься?

– Возвращаюсь.

– А не встречалась тебе там, за перевалом, такая костлявая старая коза, Эрнестина Ганецки?

– Вы говорите об Эрнестине, у которой птичий двор вблизи от больницы Скайлза?

– Уверен. Как там этот ходячий кухонный комбайн?

– Три часа назад была в порядке. А вы, я вижу, не больно-то ее любите.

– Мы были женаты двадцать восемь лет и промотали нашу любовь до последнего цента. Да еще, пожалуй, в долги залезли.

– А, так это вы ушли к Барбаре, которая весит триста сорок фунтов?

– Триста сорок пять, – отвечал Слейтон раздельно и с большой гордостью, как если бы речь шла о рекордной свинье, – триста сорок пять. Если не триста сорок шесть.

– А скажите, Слейтон, если не секрет, буфера у вашей Барбары больше, чем у этой машины?

– Если бы Барбара, – величественно сказал мистер Курли, – просто присела на капот этого автомобиля, например, вынуть камешек из босоножки, она раздавила бы его, как пустую банку из-под пива. Ты хочешь знать, дочка, какие у нее буфера. Что ж, тебе приходилось летать в Калифорнию на «Боинге»?..

– Вы не могли бы не курить? – нервно спросил Горли, не оборачиваясь.

– А я и не курю. А ты, парень, смотри за дорогой. Тут не асфальт, а крокодилья кожа. Я помню, прошлой весной, когда задристало сверху, тут машины падали в пропасть каждые четыре минуты. Я догадываюсь, парочки целовались и отсчитывали: одна машина, две...

– Чепуха. У нас прекрасные дороги.

– О да. У нас прекрасные дороги. Ты еще скажи «лучшие в мире», как говорили русские во времена холодной войны. Спутник, Хрущев, Плисецкая. Ты, я догадываюсь, патриот. Да если три мексиканца за бутылку водки прокладывают такую дорогу от сарая до сортира, настоящий хозяин платит им полбутылки. Я скажу тебе больше: он заставит их переделать и не заплатит вообще. На такой дороге у койота разъезжаются лапы в пять сторон, и он лежит на брюхе, смотрит в морду охотнику и плачет, но встать не может. На такой дороге если уронишь чемодан, то не найдешь его среди асфальтовых прыщей. Я догадываюсь, когда клали асфальт, за рулем катка сидела горилла со связанными руками. У нас прекрасные дороги. Уверен. Только не надо по ним ходить и ездить. А в остальном это великолепные дороги. Прямые, как кишечный тракт, и прочные, как сопля у покойника. Когда мой дед, Эйзекайя Вашингтон Курли...

– Одну минуту! – Горли поднял кверху руку, как если бы голосовал за Брежнева на партийном съезде. – Это все слова. А я привык решать спорные вопросы делом. – Он ловко заклинил рычаги управления и обернулся к деду, обняв руками спинку собственного сидения.

– Хай, Слейтон, – он лучезарно улыбнулся. – Какие виды на урожай проса в Арканзасе?

– Э! Э! Парень! Ты что это удумал?! Дай-ка я выйду.

Машина плавно летела вперед. Шоссе под ней слегка виляло с боку на бок.

– Кончай, парень. Все видят, что ты крутой.

– Позволь мне, Горли, – вмешалась Мэгги, – немного покрутить рулем. Если ты устал.

– Я не устал. И руль не собачий хвост, чтобы им крутить без нужды.

– А можно я посижу у тебя на коленях и заодно слегка...

– Подумай о своем геморрое. А кроме того, мои

колени не скамейка в Центральном парке, чтобы по ним елозить задом.

Шоссе крупно скакнуло влево; под правыми колесами противно завизжал гравий обочины. Потом асфальт, словно подумав, вернулся на место.

– Кончай, парень. Не для того я уцелел в Корее, чтобы какой-то придурок с трубкой на Багамах превратил меня в гамбургер.

– Как знать, – безмятежно ответил Томсон.

– Горли, – снова вмешалась в мужской разговор Мэгги, – давай подойдем к проблеме конструктивно.

– Давай.

– Что надо сделать, чтобы ты сел за руль?

– Мистер Курли, – Томсон дружелюбно подмигнул старику, – должен признать качество наших дорог.

– Мистер Курли!

– Наши дороги, – признал мистер Курли очень веско, неподкупным взглядом сверля мистера Томсона, – говно.

– Что ж, проверим.

– Горли! Ну подумай сам, чем это может рано или поздно кончиться.

– Кончится бензин, только и всего.

– Ну да, – согласился дед, – или, скажи еще, кончится остров. Или это кольцевая дорога?

– Слейтон! Будьте умнее этой задницы в очках. Уступите.

– Только ради твоих ножек, – не спеша решил мистер Курли. – Хорошо, парень, наши дороги не такое уж говно.

Томсон положил на руль ровно один палец.

– Ну же, Слейтон! Отлично! Продолжайте!

– Сказать по чести, некоторые даже совсем неплохие...

Томсон укрепил на руле левую руку.

– Ну что, дочка, может быть, хватит?

– Ну посудите сами, Слейтон, этим своим решением вы косвенно признаете, что дорога настолько хороша, что по ней можно вести автомобиль одной левой. Но если вы признаете это фактически, почему бы не признать это вслух?

– Иисус! – пробормотал дед. – Парень, ты понял, что она сказала?

– Она из России, – пояснил Томсон.

– Иисус! Мне кажется, что мне всунули миксер в череп.

– Горли, он что, слабоумный?

– Это не политкорректно так говорить, Мэгги. У нас принято говорить «инакомыслящий».

– Он не похож на диссидента.

– У нас инакомыслящий не обязательно диссидент. А диссидент не всегда инакомыслящий. Это может быть не мозговая проблема, а ловкий политический маневр.

– То, что он отказывается меня понимать, это ловкий политический маневр?

– Нет, дочка, – вмешался Слейтон, – просто у меня перегорают проводки в мозгу. Ты не могла бы сказать это еще раз?

– Ну посудите сами, Слейтон, этим своим решением вы косвенно признаете, что дорога настолько хороша, что по ней можно вести автомобиль одной левой. Но если вы признаете это фактически, почему бы не признать это вслух?

– Иисус!.. Однажды меня сбил «шевроле» на одной из наших замечательных дорог... э! парень, парень, будем считать, что ты этого не слышал... так вот, и я вмазался макушкой в витрину «Макдональдса», стекло в которой немногим тоньше Барбары. Так вот. И я, когда встал на ноги, вообще ничего не помнил: ни кто я такой, ни зачем Господь создал всю эту хрень начиная с «Макдональдса», ни кто у нас президент, ни с каким счетом «Лисы» надрали «Акул». И все это постепенно распустилось у меня в мозгу, как цветок кактуса. Так вот, дочка, эта твоя фраза...

– Повторить еще раз?

– Дерьмо! Нет! Если ты это сделаешь, у меня вылетят предохранители и вам придется хоронить старого придурка прямо на этой говен... извините, замечательной дороге. А зачем портить такую великолепную дорогу, хотя, между нами, дочка, не говори только своему шоферу, лишнего холма с крестом тут никто бы не заметил...

Спина Горли выражала надменное презрение.

– ...нет, не повторяй вслух эту убийственную фразу, но, если возможно, сохрани ее в своем гигантском русском мозгу, в который вмещается целая Анна Каренина вместе с паровозом, и ради такого случая я доеду с вами до Эрнестины, а там ты поднимешься на второй этаж, наглухо закроешь дверь и запишешь эту фразу на ее долбанный «Хитаччи». И я клянусь тебе, что буду хранить эту кассету на месте Пресли, которого выкину в помойное ведро.

Нет! Я буду хранить ее в баре среди бутылок и прослушивать вместо целого мартини, потому что она так же сбивает с копыт. А когда я запомню эту божественную фразу букву за буквой (потому что понять ее в этой жизни я не смогу никогда), я приеду к тебе в Белый Дом (потому что с такими мозгами ты там непременно окажешься), и ты по старой дружбе запишешь мне еще три-четыре таких хита. Этого мне хватит до могилы, хотя, видит Господь, я намереваюсь еще жить довольно долго. А деньги, сэкономленные на выпивке, я сдам в фонд борьбы со СПИДом. Хорошо, дочка?

– Хорошо, – ответила Мэгги довольно сухо, – а теперь, Слейтон, не могли бы мы с вами подключить правую руку этого кретина, потому что темнеет? От вас требуется сказать три слова: «это замечательная дорога».

– Уверен. Эй, Горли, это замечательная дорога. Она как маслом намазана, и такая ровная, что бурундуки глядятся в нее, как в зеркало, когда бреют щеки. Интересно, сигары какой фирмы надо курить, чтобы мастерить такие классные дороги?! Прямая, как полет пули в невесомости, и такая упругая, что если все-таки свалишься на ней от восхищения, то не расшибешься, а сам собой доскачешь до другого конца на манер гуттаперчевого мяча. Дорога в рай по сравнению с этой дорогой просто раздолбанный вьетнамский большак после бомбежки, и святой Петр давно ищет строителей этой дороги, чтобы утвердить с ними смету на весь рай, но они еще при жизни попали в индивидуальный рай хай класса, где разные придурки не беспокоят их по пустякам.

Когда ступаешь на эту дорогу, забываешь, куда шел, и ноги сами тебя несут, как крылья чайку, а траханные ботинки думают, что они кроссовки «Рибок». Будда иногда тайком выходит из нирваны, чтобы побегать босиком по этой дороге. Взгляни, дочка, положил он на руль правую руку?

– Положил. Спасибо.

– Приятно. Тогда я вздремну, если ты не против.

Так, в необязательных разговорах, они и не заметили, как доехали до ранчо миссис Ганецки.

Глава 9. Ужин на ферме

Старая леди встречала их у ворот, напряженно вглядываясь в полумрак.

– Хвала Иисусу! – воскликнула она. – А то я уже думала, что-то случилось. За такое время можно было и с малышом приехать.

– В определенном смысле, – довольно ответил Горли, – это произошло.

Эрнестина всмотрелась в содержимое машины, и ее лицо постепенно приняло такое выражение, будто студент на зачете по ее спецкурсу спутал Брейгеля с Босхом.

– Спокойно, – мирно сказал мистер Курли, – я на одну минуту и скорее к Мэгги, чем к тебе.

– Твое время пошло.

– Ну зачем же так буквально, Несси? Ты же любишь гостей. Уверен, у тебя на веранде найдется пара бездельников, как каждый вечер двадцать восемь лет подряд. Ну же, подсуетись, подкинь мне десяток своих дерьмовых оладий с этим блевотным кленовым сиропом. Замуруй мне глотку вплоть до заднего прохода.

– Пойду посплю, – пробормотал Горли. – Норму по семейным сценам я выполняю в семье. Пойдешь со мной, Мэгги?

– Поспать?

– Нет, – скривился Томсон, – для того, чтобы с тобой спать, надо иметь язык два фута длиной и пару лет в запасе. Я имею в виду, пойдем в дом, а то здесь полно паразитов.

– Золотые слова, – отозвалась Эрнестина с глухой яростью.

– Легче, легче, старая змея. Если ты намекаешь на меня, то меня не полно. Меня ровно одно, и на один вечер с этим можно смириться. Сцеди яд в овраг. Посидим, поболтаем, как добрые друзья, а, электрический угорь?

– В дабл сходить, – предположил Томсон в какой-то гамлетовской интонации – и не сдвинулся с места.

– Как там твой коричневый бегемот, еще не околел?

– Вот, это я понимаю, нормальное любезное человеческое общение. Нет, благодарности, леди, здоровье моей супруги Барбары вполне сносное, никаких тревожных симптомов типа похудания нет. Она, кстати, постоянно интересуется твоими делами. Как там, говорит, эта...

– Чудесный вечер, Слейтон, не правда ли? – раздельно произнесла Мэгги.

– Для мужчины от двух до девяносто шести вечер, когда он знакомится с такой куколкой, как ты, не просто чудесный, а уникальный. Да, мисс, уникальный. В такой вечер звезды висят так близко, как прыщ на носу, а воздух чист, как совесть президента.

– В такой вечер, – подхватила Эрнестина, – старый скунс поет соловьем.

– Так что же в этом плохого, старая метла? Хуже, я догадываюсь, когда соловей воняет скунсом.

– Это точно, – неожиданно согласилась Эрнестина.

– Приятно! Я знал, что мы столкуемся за пять минут. Ладно, леди и джентльмены, пока у нашей хозяйки столбняк, я на правах бывшего…

– …нахлебника.

– …бывшего нахлебника проведу вас в парадную залу, где само время не течет, а цветет, как вода в поганом пруду.

Это говорилось уже на пути к веранде, где Мэгги, к своему удивлению, обнаружила Скайлза и Перкинса, да и не только их, а еще одного типа, то ли мулата, то ли латиноса, то ли просто было уже темно.

– Джерри, – занудно говорил пресловутый тип, – кончай пить, поехали. Глэдис не знает даже, где лежат бинты. Я догадываюсь, она вообще не знает, что такое бинты. Когда ты сделал ее своим заместителем, у тебя, вероятно, был небольшой инсульт.

– Оставь меня, – отвечал доктор Скайлз. – Могу я, например, умереть?

– Это сложная теологическая проблема, – вставил Перкинс, поднимая вверх длинный палец. Его патлы тускло поблескивали в неверном вечерном свете.

Скайлз поднял палец вдвое жирнее и не в пример чернее.

– Я могу умереть, – решил он на ходу сложную теологическую проблему. – Скажи там, что ты нашел на шоссе мою черную тушу, но не смог поднять и вызвал мусоровоз на пятницу. Или решил подождать, пока стервятники поработают, а мешок костей доставишь потом в учебку.

– Кончай, Джерри, – ныл агент из госпиталя. – Поехали.

– А что, еще не кончился рабочий день?

– А что, он у тебя сегодня начинался?

– Прекрасно! Вот, Перкинс, смотри, до каких намеков я дожил. Того и гляди, этот химерический профсоюзный босс выживет меня из моего собственного госпиталя. Только мой тебе совет, Мартинес, если до этого дойдет, лучше перенеси операции на пилораму. Может быть, я и не лучший хирург в мире, но в этом госпитале мне замены не найти.

– Так я же об этом тебе битый час толкую, – опешил Мартинес. – Пошли.

– О! – дико обрадовался Перкинс, различив в полумраке вновь пришедших. – Мэгги! Тебе это должно понравиться. Это чистый Чехов!

Тут он свесился за перила, и его основательно протравило.

– Да уж, – скептически отреагировала Мэгги. – Станиславский.

– Система Станиславского, – вспомнил Скайлз. – Однажды я играл в любительском театре Карла Стюарта, и наш придурок-режиссер выел нам мозги системой Станиславского. Я вжился в этого Карла так, что во сне бредил суверенитетом Шотландии и начал копить деньги на личную гвардию. И представляешь, Гленни, в конце спектакля мне намереваются отрубить башку. Начнем с того, что я обмочился. Ты видишь, я ведь вжился в этого долбанного короля. Палач, ты его знаешь, наш почтальон, кретин Таснер, видит, что я воспринимаю происходящее чересчур всерьез, шепчет мне: «Ваше величество, не ссыте, топор картонный». Зал рыдает, а первый ряд, который слышит реплику Таснера, начинает ржать. Но это еще не все. Ты думаешь, Гленни, я поверил этому палачу? Нет, сэр. Я вообразил, что это входит в церемонию, чтобы клиент расслабился и не дергался. И я во имя любимой Англии рванулся изо всех сил, так что эта дерьмовая плаха лопнула, как пузырь от жвачки. Тут уже Таснеру стало слегка не по себе, потому что он уяснил, что должен меня ухайдакать. И он начинает лупить своим топором по мне, как леди тапком по таракану, но уже искренне, вжившись в образ по самую печень. Мы имели успех выше шекспировского «Глобуса». Ты можешь не поверить мне, Гленни, но нас с Таснером потом какой-то неудачник приглашал на Бродвей. Но моя Салли заартачилась: Нью-Йорк, проститутки, богема. А я еще долго во время операции представлял себя Гамлетом.

– Ну как, дочка, – задорно подмигнул Мэгги мистер Курли, – хороший Станиславский?

– Вы ожидаете, Слейтон, что я отвечу искренне? – сухо поинтересовалась Мэгги.

– Уверен.

– Так вот. Как театральный анекдот это мило. Но к системе Станиславского имеет мало отношения. Это скорее вахтанговский театр, модернизированный Михаилом Чеховым и как бы на фоне Голливуда.

Повисла тишина.

– А что же такое настоящая система Станиславского? – спросил кто-то, кажется, Мартинес.

– Вы действительно хотите это знать?

– Уверен, – ответили американцы неуверенно и вразнобой.

– Ну что ж. Тогда слушайте.

Глава 10. Настоящий театр Чехова и Станиславского

– Театр Чехова и Станиславского начинается с того, что вы покупаете билеты. Обычно два: мужчина покупает билет для себя и своей жены. Они предвкушают этот поход в театр, как праздник. В день спектакля прибегают домой пораньше, оставляют бабушку с детьми, красиво одеваются, жена слегка красит губы и ресницы, и они едут в театр. Там вешалка, фойе...

– Театр начинается с вешалки! – вспомнил Скайлз.

– Театр, – ледяным голосом напомнила Мэгги, –

начинается с покупки билетов. А если какой-нибудь кретин орет в театре, на него шипят.

Скайлз выставил ладонь в знак того, что больше не будет. Мэгги продолжала:

– Вы бродите по фойе, смотрите на фотопортреты знакомых артистов, на душе у вас светло и легко. Потом всех приглашают в зал. Вы находите свое место. Все сидят, шепчутся и ждут. Так подходит время начала и проходит еще пара минут. Потом медленно гаснет свет, а когда он снова загорается, на сцене стоит человек. Один человек в обычном костюме, хорошем, но не лучше, чем у зрителей. Немного выше среднего роста, обыкновенный человек, средних лет, не красавец, но без видимых недостатков...

– Типа Билла Клинтона, – прокомментировал Томсон себе под нос. Мэгги словно запнулась.

– Нет, – сказала она негромко, – совсем не типа Билла Клинтона. Вообрази себе, Горли, самого непохожего на Билла Клинтона человека, такого, что его слепой за сто ярдов никогда не спутает с Биллом Клинтоном. Удалось?

Томсон напряженно кивнул.

– Вот он и стоит на сцене. Он просто стоит, ничего не выражая собой. И смотрит то в пол, то в зал, но тем же взглядом, что в пол. Как бы думая о своем. И понимая мимоходом всех и каждого, но в то же время не осуждая и не прощая его. И ты сидишь, и боишься, что этот человек посмотрит на тебя, и в то же время боишься, что не посмотрит.

Скайлз шумно вздохнул. Мартинес кашлянул и несмело возразил:

– Но ведь это домыслы. На самом деле просто

актер стоит на сцене, и все.

– Домыслы, – подозрительно легко согласилась Мэгги, – ты так и говоришь себе: это домыслы. А что происходит в действительности? Ничего. На сцене стоит какой-то субъект, похожий на тебя. Ты бы мог стоять на его месте. Но ему хотя бы заплатят деньги, а ты... нет, дело не в деньгах. А в том, что ты ждал праздника, а тебе показали тебя. И ты украдкой смотришь на свою жену и думаешь, что вот, не нашел ничего лучше, как пригласить ее сюда, на это мутное, непонятное зрелище, а лучше бы купил ей цветов и пиццу. И тебе становится настолько жаль жену, что ты чуть не плачешь. И тут слышишь там и сям, как зрители шмыгают носами, и понимаешь вдруг, что вы – одно, и все человечество не больше, чем один человек. И это все тебе сказал какой-то кретин тем, что просто стоял на сцене одну минуту.

– Постой, – встрял Мартинес, – но ведь пьеса – это все-таки буквы. Это все есть у Чехова?

– У Чехова все между букв, – мрачно ответил Скайлз.

– Но чтобы хоть что-то влезло между букв, – не унимался Мартинес, – надо, чтобы проперлась хотя бы одна буква.

– Название, – угрюмо отозвался Скайлз. – Дальше идет этот пресловутый воздух между букв.

Мэгги промолчала, и осталось неясно, то ли она одобряет комментарий Скайлза, то ли просто остается выше этой дискуссии на полях Станиславского.

– Мысли в твоем мозгу начинают бродить, как рыбы в аквариуме. И те, которые ходят высоко, там, где кончается мутная вода и поблескивает неведомый для рыб воздух, вызывают у тебя блаженную печальную истому, словно кровь без боли вытекает из вен, а те, которые ходят низом, вызывают у тебя жгучий стыд. И сладко и тревожно, словно ты то ли кончаешь, то ли кончаешься. И перед тобой робким строем встает все, чем ты хоть немного гордился и хвастался перед собой, и ты видишь, какая это мелочь, пакость и гниль. И ты видишь перед собой миллиарды и миллиарды людей, которые жили и умерли на одной с тобой планете, и каждый из них чем-то гордился, и все это сгнило вместе с их костями, и ты понимаешь, что если и есть Господь, то он устал уже от этих миллиардов, уходящих костями в землю. И тебе становится страшно, и ты пробуешь думать о своей маме и своих детях, но тут, в этом чертовом театре ты почему-то видишь мать молодой и красивой, а детей – больными и старыми, и это равно печально, потому что тебя нет ни там, ни там, и потому что время уходит, как кровь из вскрытых вен. И ты понимаешь, что уже Бог знает сколько времени сидишь тут и смотрел бы на этого человека на сцене, если бы все не плыло перед глазами из-за слез, и за это время в тебе и тех, кого ты любишь, чуть-чуть одряхлели какие-то сосудики, порвались тоненькие нервы, состарились клеточки. И небо видится тебе в фиолетовом цвете. И тут человек на сцене говорит какую-нибудь фразу, самую простую, например:

– *Вот дождь недавно прошел...*

И ты понимаешь, что он хотел сказать вовсе не это, потому что это нет никакого смысла говорить тремстам взрослым людям в полутемном зале, прошел этот дождь или нет. И ты понимаешь, что он так и не нашел слов для выражения своего одиночества, своей тоски, своей неудачи. И ты понимаешь без слов его тоску, одиночество, неудачу, как если бы это был ты. И твой взгляд загибается, как рельсы на конечной трамвая, и ты видишь себя, и понимаешь, что никому не нужен твой любимый костюм, и уголок чистого платка в кармане, твои мечты, твои вкусы, твои горести. И что человек проходит, как дождь, а после него высыхает трава. И все сюжеты, все истории, заговоры, интриги – это все только попытки заслониться рукавом от беспощадного луча собственного взгляда. И ты набираешься смелости, поднимаешь глаза на этого себя на сцене, и вдруг видишь Бога в его глазах, словно Он подсматривает за тобой в зеркальце, и долгую секунду тебе кажется, что ничего не может быть страшнее этого, а через секунду ты уже не видишь там Бога, и это еще страшнее. А потом пьеса, антракт, еще кусок пьесы, и ты уходишь домой. И понимаешь, что Чехов и Станиславский все-таки пощадили тебя, отвлекли сюжетом от главного. Иначе ты бы умер прямо там. Вот это, господа хорошие, и есть система Станиславского.

Мэгги обвела взглядом аудиторию, и вот что она увидела.

Эрнестина сидела сгорбившись, обняв колли и обильно орошая ее слезами. Несчастная мокрая собака не знала, как поступить, и на всякий случай не шевелилась. Слейтон не плакал, но сидел пригорюнившись, как на похоронах. Томсон пробовал набивать трубку, но пальцы не слушались его, и он бормотал, как заведенный: «Дерьмо». Скайлз обиженно рыдал в голос, как трехлетний. Перкинс отошел в темноту. И только Мартинес всей своей фигурой выражал удивление.

– Извини, Мэгги, – сказал он. – Ты прекрасно рассказала, талантливо. Но причем тут театр? Эти мысли могут прийти в нездоровую голову сами по себе.

– Уйди, кретин, – сказал Перкинс прерывисто и не оборачиваясь.

– А я ведь играл на банджо, – вдруг произнес Томсон. – Если бы вы только слышали, как я играл на банджо.

Скайлз достал из кармана платок и высморкался. Это было похоже на соло Армстронга.

– Ты позволишь ему уйти, Гленни? – спросил Скайлз. – Это было бы чересчур гуманно. Нет. Никто так просто не уйдет из театра Станиславского. Эй, Мартинес, я сейчас тебе объясню мексиканский вариант его системы. Представь себе, что ты парализован. Но хорошо видишь. А видишь ты, как два грязных негритоса ударом в спину убивают твоего отца, а потом насилуют твою жену. Мать просто умирает от нищеты и унижения. Дочь выходит на панель, а сын умирает от наркомании. Нет!

Мартинес вскинул голову с надеждой.

– Нет. Наоборот.

Мартинес две секунды был неподвижен, потом его смуглая рука метнулась к ножу. На полпути на нее обрушился огромный черный кулак.

– Ты забыл, приятель, что ты парализован.

Мартинес забормотал что-то горячо и быстро, а потом уронил голову в ладони.

– Извини, Мэгги, – сказал Скайлз, – конечно, это популяризация. Но хоть какое-то представление у него останется.

Глава 11. Завтрак на ферме

Когда Мэгги, поеживаясь и кутаясь в хозяйскую шаль, вышла на ту же веранду утром, повсюду висело серое небо и вся природа вроде дышала после дождя. В воздухе располагались острые иголочки воды. Мэгги порывисто вздохнула и вытерла ладонью лоб.

На веранде Эрнестина в джинсовой куртке пила кофе с новой гостьей, крупной мулаткой средних лет. Мэгги сообразила, что это либо Салли Скайлз, либо Барбара Курли. Видимо, эти две женщины были действительно похожи друг на дружку, потому что Джерри Скайлз, спустившийся к столу всего лишь минутой позже Мэгги, сильно вздрогнул, увидев собеседницу Эрнестины, но потом вгляделся и успокоился.

– Я догадываюсь, Барбара? – предположила Мэгги, садясь за стол.

– А ты Мэгги? – угадала в ответ Барбара, улыбаясь приветливо и широко. – Мой... наш, Тина...

– Нет уж, Барби, пусть будет твой.

– Словом, Слейтон успел спеть песню о тебе. Садись, попей кофе.

– Я принесу тебе плед, – сказала Эрнестина.

Тут и Скайлз вернулся со двора, не дожидаясь приглашения, взгромоздился на стул и внимательно посмотрел на Барбару.

– Если бы вы только знали, – начал он медленно, – как вы похожи на мою жену...

– Я бы обрадовалась или расстроилась? Или вас следует так понимать, что я в вашем вкусе?

Скайлз изысканно улыбнулся. От плиты донесся запах яичницы с беконом, а вскоре появился мистер Слейтон со сковородкой немногим меньше себя.

– Мэгги, порежь хлеб! Барбара, налей сливок в молочник! Мистер Скайлз, осуществляйте общий контроль!

Под легкое ворчание начался завтрак. Эрнестина заботливо укутала Мэгги пледом.

Над полем низко летела птица, с видимым усилием рассекая крыльями влажный воздух. Запах мокрых листьев напомнил Мэгги детский сад в Малаховке. Колли прошла на веранду, отчаянно виляя хвостом, заглянула всем в глаза и выбрала Скайлза. Тот почесал собаку за ухом.

Всеми овладело некое торжественное спокойствие. Мэгги потихоньку наблюдала за Барбарой; та ела опрятно и совсем не много для своей комплекции. Потом Барбара поймала взгляд Мэгги и улыбнулась ей в ответ своей белозубой улыбкой.

– Где я мог вас раньше видеть, мистер Скайлз? – поинтересовался мистер Курли.

– Год назад в моем госпитале, куда вы попали с обморожением.

– В этом климате? – слабо удивилась Мэгги.

– Мистер пытался достать застрявшую в морозильнике сосиску, и у него заклинило руку.

– Так это ты сломал морозильник, – флегматично сказала Барбара. – А клялся, что ничего не знаешь.

– Строго говоря, детка, его сломали спасатели.

– Слейтон, Слейтон, – покачала головой Эрнестина.

– Что ты хочешь этим сказать? Это могло случиться с каждым.

– Есть такие люди, с которыми случается то, что может случиться с каждым, – отморозил доктор Скайлз.

– Иисус, – прошептал мистер Курли. – Неужели он тоже из России?

Мэгги выразительно закатила глаза, и мистер Курли заткнулся.

– Благодарение Богу, – заметил Скайлз, присмотревшись у машинам на лужайке, – эта мексиканская крыса укатила в госпиталь.

– Я догадываюсь, не в госпиталь, – уточнила Эрнестина. – Ваш коллега поехал на бензоколонку сделать звонок домой в Мексику. Его очень разволновал ваш... вчерашний этюд.

– Что за впечатлительный джентльмен! – проворчал Скайлз, но было видно, что артистичный врач польщен успехом. – Это же всего лишь театр.

И тут на веранде появилось новое лицо, в некотором отношении совершенно замечательное.

– Смит, – кратко представилось оно, предъявляя параллельно документы, – Федеральное Бюро Расследований.

Лицо господина Смита было настолько невыразительным, что не просто мгновенно забывалось, а вообще не попадало в память, выплескиваясь обратно из глаз. Оно было таким всеобщим лицом, что его оказалось невозможным сличить с настолько же незапоминающейся фотографией: пока гости леди Эрнестины смотрели на одно, они тщетно вспоминали второе. Мэгги подумала еще, что такие лица надо фотографировать на прозрачном материале, чтобы сличать с оригиналом простым совмещением, как в видоискателе. Строго говоря, никто не мог бы поручиться, что на веранде находится один господин Смит, а не череда быстро сменяющих один другого смитов. Одним словом, фамилия Смит при этом лице звучала как экзотическая.

– Вы кого-то ищете? – осведомилась Эрнестина, отчаявшись удостоверить документы федерального агента.

– Да, мэм. Одного русского злоумышленника.

Американцы нестройным хором уверили мистера Смита, что давным-давно не встречали тут русских, что русские вообще тут не бывали, что о прибытии русских они сами бы немедленно сообщили в ФБР. Когда большинство исчерпалось, в воздухе звучал голос Слейтона:

– ...они практически вымерли.

Мэгги смотрела на этот балаган со смущенной улыбкой.

– Спасибо вам, друзья, это очень трогательно, – сказала она, – но мне совершенно нечего скрывать от ФБР. Я из России, господин Смит; могу я вам чем-нибудь помочь?

– Если честно, да, мисс, – ответил Смит. – Ваш приезд может оказаться для нас настоящим подарком. Посмотрите, знаете ли вы кого-либо из этих джентльменов? – он наметанным жестом разложил перед Мэгги веер фотографий.

– Нет, – ответила Мэгги, слегка их поворошив. – Россия – очень большая страна.

– Я так и думал! – воскликнул агент. – Посмотрите еще раз. От этого зависит судьба операции.

– Уверена, – ответила Мэгги после внимательного анализа фотографий.

– Тогда мы имеем к вам заманчивое предложение.

– Я согласна, – ответила Мэгги, – почему бы нет? Только намекните мне сначала, в чем преступление этих господ.

– Для начала они ограбили Россию, – скорбно сказал мистер Смит. – Потом…

– Достаточно, – ответила Мэгги и добавила несколько русских слов, тон которых прояснял смысл. – Что я должна сделать?

Часть вторая

НЬЮ-ЙОРК

Глава 12.
Специфика службы федерального агента

– Мэгги, тебе, как всегда, с брусникой и мидиями?

– Да.

Мэгги с симпатией взглянула в спину Фрэнка. Хороший парень, старательный, хотя недалекий. Исполнитель.

За окном небольшого кафе на Сорок Пятой авеню в солнечных лучах резвилась стайка воробьев. Опрятная старушка в платье в крупный цветной горошек кормила их поп-корном из гигантского пакета. Мэгги лениво подумала, что ей бы подошел такой фасон.

– С тобой не занято, детка?

– Занято, малыш.

– А с кем ты сегодня обедаешь?

– С Чаком Норрисом.

– Можно я возьму у него автограф?

– На скулу.

– У тебя быстрый язык. Знаешь, я читал книжку, что для женщины язык еще важнее, чем...

Тут лицо незнакомца немного оплыло, как свечной огарок, а монолог оборвался, как пленка в русском магнитофоне. Фрэнк подхватил его под локти и подтащил к двум его спутникам, изумленным парням в металле и коже.

– Внезапно поплохело, – пояснил Фрэнк парням с обезоруживающей улыбкой. – С ним уже бывало такое? – он влепил захворавшему пару смачных пощечин. – Если не придет в себя через десять минут, надо вызвать врача, как вы считаете?

Мэгги улыбнулась. Фрэнк последнее время увлекался китайской медициной и не упустил случая распушить перед ней хвост. Спору нет, точку «шой-гу» он находил на любой фигуре и под любой одеждой с одного тычка. Но философские премудрости Китая проходили мимо его смазливой головы.

Третий месяц сотрудничая в ФБР, Мэгги затруднилась бы сказать, довольна ли она работой. На пути в Нью-Йорк, в самолете, она представляла себе, как на пустом заводе ввязывается в перестрелку с какой-то многоголовой биомассой обобщенно славянско-кавказски-еврейского типа, увешанной цепями и перстнями на жирных отростках и ощеренной сотней калашниковых. Постепенно биомасса начинала одолевать Мэгги, она исцарапанными пальцами тщетно перезаряжала свой магнум, вокруг нее визжали щепки и осколки стекла, – и тут приходил *он*, черным тонким против света силуэтом. Психоаналитик сказал бы, что в этом представлении отражается путаное ощущение Мэгги своей половой принадлежности, смещающееся от мужского к женскому.

На деле все оказалось иначе. Работа Мэгги заключалась в постоянных консультациях, которые записывались, анализировались, сортировались, сверялись и складывались в огромное и доступное рядовому федеральному агенту описание загадочной русской души.

Глава 13. Задача о посеве редиски

– Мэгги, вот тебе задача. Gromov и Khabibulin (ты видишь?) весной засеяли поле redisc'ой, в июне собрали урожай, сложили в сарае, к середине августа он сгнил. В чем смысл этой стратегии? Мы потеряли на этой задаче Пентиум. Только не своди все к алкоголизму. Тут до тебя был специалист, который все сводил к алкоголизму. Ты представляешь, мы уволили его через полтора года. Нам не интересен такой специалист. Мы можем смоделировать его на микросхеме. Итак?

– Ты видишь, Маркус, весной этим двум джентльменам *захотелось* посеять редиску. Вот тебе вчера захотелось пойти в боулинг. Но тебе ведь сравнительно все равно, что случится через четыре месяца с кеглями и шарами.

– Одну минуту. Но я отдыхал в свободное от работы время. Я зарабатываю деньги в ФБР, а трачу их на боулинг. Это работа, а то удовольствие.

– А если человек получает от работы удовольствие, он извращенец?

– Нет... но...

– А что если тебя послать на пенсию, а деньги просто отчислять со счета ФБР на счет боулинга?

– Это было бы нерентабельно. А пенсию нельзя получать просто так. Возникнет прецедент, гибельный для всей социальной системы.

– Видишь, ты меня понимаешь. Грань между работой и удовольствием проходит через мозг субъекта. Это представление. Для Громова и Хабибулина засев редиски стал удовольствием.

– Мэгги, подробнее это положение!

– Легко. Труд на поле стал для этих двух русских мистеров альтернативой домашней работе, где они либо занимают тяжелое место мужчины в деревенском быту, либо попадают в подчиненную позицию к женам и выполняют мелкие, скучные и унизительные поручения.

– Например.

– Задать свинье помои. Проверить уроки у дочери.

– Дальше.

– Громов и Хабибулин уходят на отдаленное поле, где нет семейного контроля. Там они завтракают, выпивают...

– Мэгги, алкоголизм мы опускаем. Феномен в том, что они действительно посеяли редис. Не воспользовались им как поводом для тунеядства, а посеяли, собрали, сгноили и выкинули. Обоснуй мотивацию основных поступков.

– Они втянулись.

– Как наркоманы?

– Примерно. Это надо представлять. Ты хорошо представляешь?

– Я учился у экстрасенса.

– Тогда представляй. Они посидели. Солнце печет. Надо попробовать посеять редиску. Хабибулин все еще сидит. Громов пробует. Хабибулин ложится на локоть, сдвигает кепку на глаза и обращается к Громову:

– Ну как, Витек, по кайфу?
– Попробуй, блин.

– Ищи дурака.

– Какой кретин, Ильяс, придумал эту блядскую редиску? Так стоять кверху жопой на жаре и разрывать землю, как нагадивший кот?! Пойдем лучше в магазин.

– Раньше часа не откроют.

– Ну, посидим.

– Сиди.

…

– Ну и херово ты посеял эту редиску.

– А какая разница? Или ты думаешь, если хорошо посеять редиску, то вырастет банан?

– В штанах у тебя банан. На, смотри, емеля, как надо сеять.

– Вот так, значит?

– Это у меня палец соскочил.

– А … у тебя не соскочил?

– Ага. Смешно. Давай засеем по рядку и засечем, у кого ровнее.

…

– И стало нам так ясно, так ясно, так ясно…

– Это точно.

– Ладно, земляк. С тебя бутылка.

– Я и в рыло могу дать.

– Погоди. Ты что, не понял, что просрал?

– Не понял.

– Ну, дефективный. Ладно, еще по рядку? Спинку не ломит?

– Вот ты валяться будешь, а я посею еще три ряда.

– Говори.

…

– Достаточно, – сказала Мэгги неожиданно жестко, и они с Маркусом расстались до завтра.

Ей сняли уютную квартиру в Бронксе. Утром из ее окна виднелись серые громады, похожие на застигнутых рассветом троллей. Вечером галогеновые трубки чертили на фоне черного неба чудеса.

Было хорошо, но немного скучно.

Мэгги от тоски стала ходить в тренажерный зал и быстро накачалась так, что это испортило ее фигурку. Пришлось параллельно записаться на шейпинг.

В восемь она принимала душ, в девять глотала гамбургер с капуччино в закусочной Брамса, а в девять тридцать уже сидела напротив Маркуса в уютном кабинете со светло-серым дизайном мебели.

Глава 13. Задача о посеве редиски (продолжение)

– Мои поздравления, Мэгги. Твой диалог этих двух фермеров богаче коннотациями, чем «Шум и ярость». На, ознакомься, – Маркус протянул Мэгги насилу сшитый талмуд.

– Что это?!

– Перевод и анализ.

– Если можно, Маркус, давай по узловым пунктам.

– Да будет так. Для начала наш монстр-компьютер проинтерпретировал приглашение в Хайфу. Это логично, потому что в Хайфе эти джентльмены занимались бы тем же сельским хозяйством, но в лучшем климате и за большие деньги. Он распутал так: они есть два еврея по матерям, а по отцам татарин и русский. Это удобно в стране, где еще остается рудимент государственного антисемитизма, но еврей по крови (а они числят род именно по матери) владеет правом выезда на историческую родину. Итак…

– Маркус, но где это место насчет приглашения в Хайфу?

– Слушай: po caifu.

– Господь! Но это же слово «кайф» в дательном падеже.

– Постой! – Маркус выставил вперед ладонь, а свободной рукой полистал толстенную книгу. – Вот! В этом контексте не должен быть дательный падеж.

– Учти, Маркус, в деревне никто кроме директора школы и фельдшера не знает, что такое дательный падеж.

– A pretsedatel'?

– Нет.

Маркус вытер пот со лба.

– Постой, Мэгги, но, например, тунец тоже не знает, что такое жабры, однако дышит жабрами.

– Это американский тунец. Для понимания русского менталитета полезно представить себе тунца, который не знает, что такое жабры, и поэтому дышит чем попало: легкими, жабрами, просто ноздрями, задницей.

– Понял! – Маркус относительно быстро записал в компьютер русского тунца и довольно умело его изобразил. – Как назвать такого тунца?

– Karas’.

– Отлично. Так как насчет Хайфы? Выкинуть? Не жалко?

Мэгги сделала выразительное лицо.

– Ладно! О’кей. Теперь: Громов угощает Хабибулина блином. Полистай, Мэгги, следующие 20 страниц о maslenitsa. Поздравления: ее время действительно примерно совпадает с посевом редиса. Тут сказано о большой конфессиональной деликатности Громова: как русский еврей и с высокой вероятностью православный он приобщает татарского еврея Хабибулина, колеблющегося между иудаизмом и исламом, к христианству через полуязыческий культ и, что особенно ценно, через кулинарию. Это высококультурный жест. Дальше тут про Ivan Kupala, то есть про Джона Баптиста. Это не так актуально.

– Джон Баптист – это сектант? бандит?

– Это нестандартная трактовка. Но как с блином?

– Маркус... ты расстроишься. Но это немножко не тот блин.

– Для культа нужны особые блины?

– Нет... Но Громов сказал: *попробуй, блин*. Через запятую. И в этом контексте слово *блин* ничего не значит. А слово *попробуй* значит, что он предлагает Хабибулину посеять редиску.

– Ты хочешь предложить мне из-за крохотной запятой выбросить тридцать страниц первоклассного комментария, к тому же прошитого и зарегистрированного?

– Ты зарегистрировал без моей визы?

– Ну, Мэгги, ты и монстр. Не зарегистрировал. Так что, выкидывать? Хоть что-нибудь значит твой *блин*?

– Тебе не понравится то, что он отдаленно значит.

– Мэгги, если мы все будем трактовать так, что это ничего не значит, нас обоих уволят и заменят даже не микросхемой, а чипом.

– У тебя есть зажигалка?

Маркус не глядя протянул Мэгги зажженную зажигалку.

– Ну! Кури!

– Я не курю.

– Тогда, чтоб тебя, зачем тебе зажигалка?!

– Мне кажется, – ледяным тоном произнесла Мэгги, – ты повысил голос на девушку.

– Да, Мэгги, ты права! Извини! Извини! Но я чувствую, что мы зашиваемся! – Маркус вмазал кулаком по талмуду. – Приятно. Итак, Мэгги, зачем тебе зажигалка?

– Как ты думаешь, Маркус, кто-нибудь занимался любовью с твоей зажигалкой?

Маркус поднес зажигалку к глазам и взглянул на нее, как в первый раз.

– Маловероятно, – изрек он наконец. – Я догадываюсь, нет. Это должен быть серьезный маньяк, а такого не возьмут в ФБР. Он не пройдет психологический тест.

– Однако ты вчера щелкал и повторял: *эта траханная зажигалка!*

– А! – с облегчением рассмеялся Маркус. – Вот ты о чем. Нет, *траханная* тут слово-паразит... как бы тебе объяснить? вроде междометия. Оно ничего практически не значит, и уж во всяком случае... – тут он осекся и посмотрел на Мэгги с ужасом. – Ты хочешь сказать, что...

– Да.

– Но что же это за язык, где семьдесят процентов речи расползается в междометия?

– Это разговорный русский.

Маркус прошелся по кабинету, ероша свою шевелюру, словно собирался разрыхлить собственный скальп и засеять его редиской.

– Хорошо. Пойдем дальше?

– Пойдем.

– Хабибулин в ответ на громовское предложение блина (дерьмо!!!) советует Громову поискать в деревне инакомыслящего, чтобы, я догадываюсь, обманом склонить его выполнить их совокупный труд. Пентиум оценил это предложение как экономически оптимальное. Поздравления Хабибулину. Непонятно, почему они не последовали этому плану.

– Это ты про фразу *ish'i duraka*?

– Уверен, – сказал Маркус и нервно закурил, вполголоса обругав зажигалку. Мэгги молчала.

– Дерьмо! Не говори только, что эта фраза тоже ничего не значит.

Мэгги молчала, улыбаясь, как Джоконда.

– Трахать! Дерьмо! Дерьмо!

– Маркус, когда закончишь, ознакомь меня дальше с самыми интересными местами.

– Что тебе сказать? На основании обмолвок о поднятой кверху жопе и банане в штанах Пентиум предположил, что эти два еврея находятся в гомосексуальной связи. Лишний повод уединиться вдали от фиктивных семей.

– Экий испорченный у вас Пентиум.

– Это верно?

– Нет.

В ту же секунду мимо Мэгги пролетел стакан, а мгновением позже он пролетел назад, но уже частями. Мэгги инстинктивно пригнулась, вспоминая первые свои фантазии относительно оперативной работы.

– Извини! Дерьмо! Я возьму отпуск.

– Вместе с Пентиумом. Что еще?

– Четыре минуты вся система висела над обращением *yemelya*. То есть, она разобрала, что это русское имя, но ведь их обоих зовут иначе. Эта ошибка может быть намеренным оскорблением или симуляцией амнезии. Исследование тут зашло в тупик. В итоге осталась коннотация со сказочным героем-тунеядцем, но мне больше нравится четвертая версия, насчет филологической игры: *yemelya* – *zemelya* – *zemlyak*. Будь милосердна, Мэгги, добей меня. Скажи, что это слово тоже ничего не значит.

– Оно ничего не значит.

– Поклянись.

– Клянусь.

Мэгги ждала, что у Маркуса опять начнется истерика, но он оставался мертвенно спокоен.

– Четыре минуты висела система во всем ФБР. Двенадцать тысяч зеленых друзей. На одно слово, которое обронил один выдуманный русский мудак другому выдуманному русскому мудаку, которое, к тому же, ничего не значит.

Мэгги смотрела на Маркуса, как оператор атомной станции на пульт.

– Может быть, воды? Валидол?

Спокойствие угрожающе затягивалось.

– Мэгги, ты понимаешь, к чему клонишь? Два лица не поддающимся анализу русским текстом склонили друг друга к трудоемким и бессмысленным действиям. Это магия?

– Это Россия.

– Но такие люди могут на деловой встрече вдруг укусить партнера за ухо или вместо серьезной руководящей работы заняться сексом с секретаршей.

– Русские так не делают. Русские мирно сеют редиску, собирают и гноят.

– Спасибо тебе, Мэгги. Ты свободна на сегодня. Иди домой.

– А ты?

– А я, если ты не против, сломаю в мелкую труху вон тот стул, потом оплачу его в финансовом отделе и тоже пойду.

– Можно один вопрос напоследок?

– Уверен.

– А что, Маркус, будет, если мы озаглавим вот этот отчет «Русский менталитет» и подадим его в комиссию при Конгрессе? – задавая этот вопрос, Мэгги незаметно нажала на кнопочку под столом.

– Тебе действительно это интересно?

– Уверена.

– Что ж – для начала нас туда вызовут. Потом мне оторвут яйца, нашинкуют их с латуком и кресс-салатом и заставят меня же их сожрать, при этом нахваливая. Потом вскроют череп, вынут мозг и отправят его на Лонг-Айленд в столовую для бедных, а вместо него засунут Томагоччи, чтобы я мог только хныкать, пока не подохну. Потом приставят ко мне лучшую медсестру в Бронксе, чтобы я никогда не подох, и специальным указом повесят меня над входом в ФБР, чтобы каждый агент усвоил, какие отчеты куда можно подавать. Потом они примутся за тебя... Впрочем, извини, Мэгги, я устал и не могу дать тебе полного представления о том, что они действительно с нами сделают. Это отличается от того, что я тебе тут наплел, как настоящий медведь от плюшевого. Ты довольна?

– Очень много. Вот держи, – Мэгги подала Маркусу кассету.

– Что это?

– То, что ты только что сказал. Засунь в Пентиум и проанализируй. Это представления добропорядочного американца о Конгрессе. Там масса коннотаций.

Маркус задумчиво повертел кассету в руке.

– Ты хочешь сказать, что живая речь чересчур сложна для компьютера?

– В десятку! И мы с тобой это сегодня доказали. Неплохой результат для двух дерьмовых агентов! Так что оставь этого Шолом-Алейхема, все триста страниц. А в конце я напишу на листочке, что они конкретно имели в виду.

– Хорошо, Мэгги. Ты возвращаешь меня к жизни. Пойдем поужинаем?

– Уверена.

Глава 14. Вечерний Нью-Йорк

– Тебе, как всегда, с брусникой и мидиями?

– Как так вышло, Маркус, что все ФБР в курсе моих вкусов?

– Ты одна из самых симпатичных девчонок в конторе и уж точно самая толковая. Твой рейтинг выше Шакила О'Нила.

– Ты мне льстишь.

Маркус пожал плечами и пошел за пиццей. Мэгги от нечего делать проверила свою косметичку. Все было на месте: и расчесочка, и пинцет для бровей, и тушь. Рассеянно взглянув на стул напротив, она вздрогнула: там сидел Смит.

– Смити! Ты меня напугал.

– Детка, – узко улыбнулся Смит, – когда ты перестанешь трястись, я возьму тебя на задание. Представь: полутемный склад, где простреливается каждый дюйм, повсюду слившиеся с фоном японцы, мешки героина, а ты показываешь удостоверение и на своем русско-английском, так понятном японскому уху, орешь: *руки вверх! лицом на пол! отбросить пистолеты на пять шагов!* – и прочую хрень. И они отбрасывают пистолеты по кругу друг другу и начинают в тебя палить так, что уши закладывает, а ты, в тесных джинсиках...

– Добрый вечер, Смит.

– Добрый вечер, Маркус. Ты всем разносишь пиццу или только русским?

– Только друзьям.

– Намек понял. Ладно, Мэгги, поболтаем потом. Хай.

– Хай, – лучезарно улыбнулась Мэгги.

– Скользкий тип, – проворчал Маркус после того, как Смит растаял между столов. – Ты знаешь, Мэгги, его биографии нет в Центральном Архиве.

– И что это значит?

Маркус опять пожал плечами.

– Либо что он засекречен, но тогда должна быть информация о том, что он засекречен, и требование паролей, либо...

– Либо что?

– Сам не пойму. Если предположить худшее, то там как раз была бы превосходная легенда и куча бывших соседей и сокурсников, чтобы ее подтвердить. Если только это не спонтанный контрагент. Ладно, только русские работают после конца рабочего дня. Эй, Джереми, сегодня отличная пицца!

Джереми ухмыльнулся от стойки.

– Вруби там Мика Джаггера.

Джереми врубил. Лицо Маркуса слегка расползлось, как подтаявшее мороженое.

– Знаю-знаю, – поднял он ладонь, – это прошлый век, мещанство, тухлятина, кретин и педик, но я его люблю.

– Да люби сколько хочешь, – изумилась Мэгги.

Сзади послышалась возня, потом глухой удар и женский визг, мгновенно захлебнувшийся сдавленным рыданием. Мэгги с Маркусом обернулись. За пару столиков от них курчавая женщина закрыла лицо ладонями, а хлыщ картинно не опускал руку, наслаждаясь физическим превосходством над своей спутницей.

– Никто, – напыщенно произнес он, – не оставлял Мака Брайана в дураках, не потеряв на этом пару зубов.

– Ты не перебрал, парень? – спросил Джереми от стойки.

– Нет, толстяк. А когда мне понадобится советчик, я найду посмекалистее тебя.

Маркус вздохнул, с громким хрустом расправляя кости и мышцы и массируя правой рукой ребро левой ладони. И тут какая-то сила швырнула Мэгги к негодяю.

– Ну, Мак Брайан, – сказала она негромко, – не хочешь позабавиться со мной?

Мак, не опуская руку, слегка скосил на нее глаза.

– Нет, курочка. Ты не в моем вкусе.

– Подойди ко мне, ублюдок.

– Что, сестричка, перекачалась? Подойди сама, если ты такая умная.

Мэгги, внимательно глядя в пол, протиснулась между спинками стульев...

– Мэгги! – отчаянно крикнул Маркус.

Но Мэгги была начеку. Кулак Мака просвистел на полфута выше ее головы, а она, продолжая свой нырок, боднула мерзавца в живот. Мак свалился на стул, качнулся и свалился вторично, вместе со стулом. В ту же секунду извернулся червем – и тут Мэгги водрузила соседний стул ему ножкой на пах и вскочила на него.

– А-а!

Маркус, уже подошедший ближе, отвернулся с болезненной гримасой на лице.

– Дерьмо! Мэгги, пошли отсюда.

Курчавая женщина, забыв о своей травме, суетилась вокруг Мака.

– Ты убила его, сука!

Мак, не выходя из сладкого забытья, застонал.

– Пойдем, пойдем, Мэгги. А то приедет полиция, наши ведомства давно на ножах...

Они шли по Тридцать Восьмой стрит, знаете, мимо польской парикмахерской. Мэгги молчала, думая о своем.

– Вообще-то ты молодчина, Мэгги. Я бы пошел с тобой в эту... в разведку.

– Я бы еще подумала, идти с тобой или нет.

– Но почему?!

– У тебя реакция как у мирового сообщества. Что это там уже второй месяц кто-то кого-то мудохает...

Маркус дважды открыл рот, чтобы возразить, потом наглухо закрыл и обиделся.

– Порошочек! – крикнул им цветной подросток, приплясывая под звуки собственного плейера.

– ФБР! – крикнула Мэгги ему в ответ.

– Что? – не расслышал юный уголовник, и тут Маркус от досады так влепил ему в рожу, что паренек улетел, а плейер свалился Маркусу на кулак.

– Дерьмо, – проворчал Маркус, стряхивая плейер в лужу, как соплю.

Один квартал Мэгги с Маркусом прошли практически молча. Проходя мимо муниципального туалета, Маркус сказал *подожди меня минутку* и спустился по узкой винтовой лестнице. Секунд через сорок снизу раздался звук глухого обвала, потом поднялся Маркус, мрачно потирая кулак.

– Что, – насмешливо спросила Мэгги, – вода не сливалась?

Но Маркус то ли не расслышал, то ли не въехал в советский коммунальный юмор.

– Ты не подумай, – сказал он Мэгги, переступая через отвратительного нищего, – я ничего не имею против геев. – И добавил, подумав: – мне не нравится назойливость как таковая.

Тут вдруг оказалось, что они идут втроем: под ручку с Маркусом фланировала высокая женщина с лицом, не оставляющим сомнений в отношении ее профессии. Она так виляла задом, что задевала даже Мэгги, и смотрела вокруг с дикой гордостью.

– Вы не ошиблись номером? – спросил Маркус угрюмо.

– Не строй из себя священника, – нараспев произнесла женщина. – Тем более, что у меня были и священники. Они, дружок, даже очень ничего, и святость спадает с них вместе с прикидом. Давай с тобой выдадим двадцать баксов твоей сестричке, и пусть она сходит в кино. У нее такой вид, словно она и учебника по ботанике не листала.

– Ты уже занята, цыпка? – спросил латинос, попавшийся им навстречу.

– А ты не видишь, голубой урод?

– Не знаю, как тебе, Маркус, а мне немного мешают эти люди, – сказала Мэгги.

– Типично русское отношение, – неожиданно окрысился Маркус. – Люди как люди. Не всем же долбить вечную мерзлоту.

– Да нет, я просто хотела с тобой поболтать.

Тут Маркус вдруг остановился и поддал проститутке под задницу. Мэгги, польщенная этим его поступком, открыла было рот, но Маркус наклонился к «мерседесу» цвета взбитых сливок, просунул руку в окошко и ловко открыл дверь изнутри.

– Позволь, Мэгги, – голос Маркуса звучал несколько натужно, поскольку он выволакивал из салона обаятельного черноглазого мужчину фунтов двухсот пятидесяти весом, – тебе представить... так... моего старого доброго знакомого мистера Марулло.

– Очень приятно. Мэгги.

– Джузеппе. Мне тоже очень приятно, мэм.

– Зато мне неприятно, Марулло. Что ты здесь делаешь?

– Устраиваю дочь в колледж.

– Что-то мне в это не верится.

– Извините, мистер Уильямс, но мне важнее, чтобы в это поверила администрация колледжа.

– Я догадываюсь, ты начинаешь хамить.

– Я могу чем-нибудь помочь, дон Марулло? – флегматично спросила туша с заднего сидения.

– Отдыхай.

– Это твоя дочь?

– Это мой племянник. Вам нужен полный список моей семьи? С днями рождения и днями ангела, чтобы делать подарки?

Лицо Маркуса начало приобретать цвет редиски, которую так загадочно посеяли Громов и Хабибулин.

– Помнишь, я тебе говорил, чтобы ты не появлялся на моем участке?

– Но во-первых, это не ваш участок, а во-вторых, вы давно в ФБР, а не в полиции. Извините, что приходится напоминать. Я понимаю: текучка, маленькая зарплата. Мозг понемногу вянет, как жасмин в ноябре. Это, господин начальник, медицинский факт.

– Там, где я, там и мой участок. А насчет мозга, Гораций Вергилий Катулл, ты, вероятно, прав. Но чем слабее мозг, тем сильнее рефлексы. Это тоже медицинский факт.

– Ты забываешь, Уильямс, что живешь на мои налоги, которые я, кстати, исправно плачу. Ты должен обслуживать меня, а не оскорблять. Листни на досуге Конституцию.

– Открой рот, Марулло. Боишься, паучино, не откроешь?

– Почему? Пожалуйста.

Маркус достал из бумажника монету в два цента и швырнул в рот гангстера.

– На, подавись! Это та часть именно твоих налогов, которая пошла именно на мою зарплату. Как, дошло до твоих итальянских кишок?

– А что, – сплюнув монету ярдов на пятнадцать, спросил мафиози голосом койота, – это какие-то особые кишки?

– О! Поздравляю! Это великолепный план – спровоцировать меня на национальную дискриминацию! Но только не получится, дон бандито! Я вижу тебя насквозь, сицилийский слизняк! Я свободно читаю сквозь тебя и твои набитые спагетти потроха рекламу Кока-Колы на той стороне. И можешь не скалить свое лакированное неаполитанское рыло!..

– Вы внимательно слушаете этого государственного служащего, мисс Мэгги? – безмятежно спросил Марулло.

– Честно говоря, – любезно улыбнулась в ответ Мэгги, – от его крика у меня закладывает уши, а когда их закладывает, я ничего не слышу. Вот вы говорите тихо и вежливо, и вас я слышу превосходно.

– А, подлец! Ты пытался даже Мэгги, эту святую женщину, практически мадонну, приплести к своим грязным макаронным комбинациям! Ты видишь – ей понравился твой венецийский голос. Спой ей арию из своего траханого Верди дуэтом со своим раскормленным кастрированным котом!

– Кажется, я начинаю слышать, – сообщила Мэгги.

Марулло кивнул задумчиво и печально.

– Как там у тебя, Пьетро, хорошо записалось?

– Не Бертолуччи, конечно, но как хроника вполне сносно.

– Я пришлю тебе кассетку на работу, Уильямс. В твои годы пора заводить архив. А сейчас хай, дорогой. Мне пора за дочерью.

Маркусу и на это нашлось, что сказать, но Мэгги увлекла его вперед, и очень настойчиво.

– Слушай, что с тобой? – спросила она озабоченно.

– Это все Хабибулин, – пробормотал Маркус, спотыкаясь об обдолбанного дешевой дурью старика, струйка слюны из которого вытекала на мостовую и направлялась к Нью-Джерси. – Дерьмо! Куда смотрит дворник?!

– Это и есть дворник, – неожиданно ответила толстая еврейка из окна восьмого этажа и выплеснула полведра помоев, целясь в старика, но слегка промахнулась, что было немудрено.

– Дерьмо! Дерьмо! – повторял Маркус, отряхиваясь. Мэгги, шаля, проскользила шесть ярдов на дынной корке.

– Дерьмо!!!

– Интересно, – сказала Мэгги через полквартала, – можно ли жвачку употреблять наружно?

Маркус промолчал так красноречиво, что Мэгги стало его очень жалко.

– Марки, ты устаешь и срываешься, – сказала она, трогая Маркуса за локоть. – Фу, дерьмо... Ты обсуждал это с психоаналитиком?

– Тут нечего обсуждать, – нервно ответил Маркус. – Я нормально отношусь к итальянцам. Но как вспомню, что они считают, что это они придумали пиццу... Да еще эта идиотская башня, которая так никак не свалится, как сопля с носа.

Мэгги понимающе кивнула. Они, можно сказать, подошли к ее подъезду. Где-то поблизости работал отбойный молоток. Мэгги поискала его глазами и поняла, что это не молоток, а две группы молодых людей поливают друг друга очередями из разнообразных огнестрельных средств.

– Ну вот я и пришла! – крикнула Мэгги.

– Что?

– Ну вот я и пришла!

– Что?

– Дерьмо!

Они отошли на добрую сотню ярдов.

– Ну вот я и пришла!

– А разве ты не там живешь?

– Я-то живу там, но там ты этого не слышишь.

– Ну, пока, – сказал Маркус, едва не всхлипнув.

– Нет, Марки, я не могу тебя отпустить в таком виде. Мы ведь друзья. Хочешь, пойдем ко мне?

– Слушать этот бессмысленный треск?

– Я думаю, это скоро кончится.

– Я догадываюсь, нет. Тебя угораздило поселиться точнехонько на границе зон влияния, насколько я помню, китайцев и румынских цыган. Так что раз в два-три месяца без ваты в ушах тебе не обойтись.

– То-то квартира стоила недорого.

– Часа в два приедет полиция с сиреной и рупором.

– Может, пойдем к тебе? У тебя есть диван?

– Уверен.

Глава 15. Мэгги приходит в гости к Маркусу

Маркус жил в десяти минутах ходу от Мэгги, и они добрались за каких-нибудь полчаса практически без приключений. Маркус, потирая кулак, галантно, как эксгибиционист плащ, распахнул перед Мэгги дверь подъезда. Мэгги нажала на кнопку лифта, заглянула в открывшуюся кабину и смущенно отпрянула.

– Марки! Кажется, там маньяк.

– Blin! Ты федеральный агент или истеричная старая дева из Пенсильвании? Что значит *кажет-*

ся, маньяк? – Маркус по-мужски отстранил Мэгги и шагнул в кабину. – Что значит *кажется*, Мэгги? Это маньяк. – Послышались уже опротивевшие Мэгги за последние полтора часа глухие звуки. – Эй, Мэгги, я смертельно устал, можно, я не буду его отсюда выкидывать? Заходи, только не вступи в него.

Едва открыв дверь, Маркус скомкал куртку и швырнул ее в раскрытый зев стиральной машины. Та включилась и довольно заурчала. Ее небольшой, но цепкий американский мозг принялся исследовать содержимое еврейского помойного ведра с восьмого этажа.

– Мэгги, я сниму штаны, но это ничего не значит. Мне просто надо их постирать.

– Без проблем. Не забудь только вынуть деньги из карманов.

Маркус достал из левого кармана пятьдесят баксов и так уставился на купюру, словно на ней был изображен его школьный учитель.

– Мэгги! Ты фея или просто самая умная девочка в Нью-Йорке?

– Я не фея.

Маркус, качая головой и прищелкивая языком, отправил штаны в стиральную машину.

– Мэгги, включи ящик.

В телевизоре квартирная хозяйка фунтов на двести отгадывала загадки развязного ведущего и после каждого верного ответа визжала и подскакивала на три фута вверх. На другом канале рыли землю футболисты. На третьем получеловеческое рыло с кошачьими ушами довольно щурилось от каждой полученной пули...

– Оставь, пожалуйста.

Мэгги оглянулась – рядом с ее головой, на спинке ее стула покоились две огромные ступни в клетчатых носках.

– Мэгги, не криви лицо. Носки только что распечатанные. Они хрустели, как доллары из пачки.

– Да я не сомневаюсь. Но что за дурацкая манера держать ноги выше головы?

– Это чтобы кровь приливала к голове.

– А зачем тебе, траханное дерьмо, кровь в голове?

– Чтобы интенсивнее думать.

– Извини, Маркус, а можно интимный вопрос?

– Уверен.

– А зачем тебе интенсивнее думать? Я имею в виду: еще интенсивнее?

– А это, дорогая Мэгги, чтобы не возникало застойных процессов в мозгу. А то образуется там тромб размером с Титаник, потом приплывет в локоть – и я не смогу стрелять.

Мэгги оглянулась, чтобы понять, серьезно говорит Маркус или шутит. Он улыбался так, словно рекламировал средство для расширения улыбки.

– Извини, Мэгги, но вы, русские, считаете нас, американцев, такими идиотами, что просто смешно.

– А вы не идиоты?

– Мы идиоты, но не такие.

В этих словах Маркуса Мэгги послышался отзвук истины. Она промолчала, уютнее устроилась в кресле. Коточеловек в телевизоре оскалился и перешел в контратаку. Экран залило кровью. Мэгги встала, подошла к окну и подняла фрамугу. В комнату хлынул прохладный воздух вечера, с еле заметным ароматом дуба. Внизу огромным темным пятном располагался парк, далеко справа тускло поблескивала змеистая река. Издали донесся одинокий жалобный выстрел, тонко заплакала сирена.

– Как прекрасен Нью-Йорк, – сказал Маркус, кладя Мэгги руку на плечо.

– Да. Грязноват, но прекрасен.

– Мы сегодня сделали его чуть-чуть чище.

– А может быть, добавили в этот суп чуть-чуть мордобоя.

– Мы боролись со злом, Мэгги. Мы чуть-чуть обкорнали его.

– А может быть, чуть-чуть обозлили.

– Русская рефлексия разъедает все, как ржавчина. Лао Цзы щадит хотя бы недеяние, но русские и его растворяют без осадка.

– А ты читал Лао Цзы?

– Уверен.

– Ты больно умен для американца. Маркус – это ведь скандинавское имя?

– В десятку. Мой прадед был финским шведом.

– Поздравляю, Марки, ты практически русский.

– Но почему?

– Потому что Финляндия как она есть возникла только 80 лет назад. Твой прадед слинял из России.

– Ты уверена, что не шутишь?

– Уверена.

Но Маркус залез в Интернет, проторчал там восемь минут и вынырнул с абсолютно обалделым видом.

– Я русский, – произнес он трагически и добавил: – я русский.

– Ну, не надо так буквально...

– Я русский.

Неизвестно, до чего бы дошел Маркус Уильямс в своих изысканиях, но тут в его дверь позвонили. Мэгги открыла – за порогом стоял печальный встрепанный мужчина лет сорока с двумя веселенькими пакетиками.

– Маркус, – сказал он, не обращая на Мэгги никакого внимания, словно она была устройством по открыванию дверей, – ты можешь мне немножко помочь?

– Без проблем, Гэри.

– У тебя найдется кусочек мыла?

– Уверен.

– И ты не мог бы забить этот костыль?

Тут Мэгги разглядела содержимое пакетиков Гэри. В одном был крашенный под золото изящный металлический костыль, наподобие тех, которыми комсомольцы смыкали БАМ, в другом – веревка, продернутая блестящей ниткой.

– Ты пришел повеситься, – констатировал вышедший в прихожую Маркус таким тоном, словно Гэри зашел помыться. – Дерьмо, ну и антураж! Подбери себе трико с блестками.

– Я взял в маркете первые попавшиеся костыль и веревку. У меня не было настроения выбирать.

– Я вижу. Слушай, Гэри, тебе ведь сорок три года?

– Сорок четыре.

– Тем более. То есть, ты уже довольно давно перерабатываешь кислород в углекислый газ. Одной ночью больше, одной меньше... Ты видишь, я сейчас очень устал. Еще вобью костыль криво, ты свалишься, ушибешь копчик. Давай так: я посплю, а вы тут покалякаете с Мэгги. А утром я повешу тебя в лучшем виде, как полотно Тернера. Идет?

– Без проблем.

На этих словах Маркус удалился в смежную комнату и рухнул там на кровать. Мэгги в некотором смущении взглянула на Гэри.

– Может быть, кофе? Да вы положите это...

– С удовольствием. Знаете, Мэгги... наверное, многие мужчины согласились бы провести с вами последнюю ночь.

– Вы вгоняете меня в краску, Гэри. Во-первых, я вовсе не гоняюсь за лаврами Клеопатры, а во-вторых, провести ночь... это звучит несколько двусмысленно.

Гэри горячо заверил Мэгги в чистоте своих помыслов, тем временем зашипел в турочке кофе – и они уселись на кухне у маленького стола – не поймешь, в Париже, Нью-Йорке или Москве. Мэгги не пришлось долго уговаривать Гэри – он отпил несколько глотков горячего крепкого кофейку и начал:

Часть третья

НОЧЬ НА КУХНЕ

Глава 16. Гэри встречает Элизабет

– Я родился и вырос в нижнем течении Миссури, потом мои родители переехали в Даллас. Пожалуй, важнее то, что я вырос в любви и ласке, и подчас мое счастье было настолько абсолютным, что мне отчего-то становилось тревожно. Мне казалось, что Кто-то рисует мою жизнь тонкой кисточкой на хрупкой промасленной бумаге, затем только, чтобы в некоторый момент грубая рука сорвала и скомкала эту бумажную грань, чтобы в дыру ворвался резкий воздух предместий и начертились хмурые контуры неких фабричных зданий из темного, как густая кровь, кирпича. Вы понимаете меня, Мэгги, я словно метался между двумя представлениями: то ли я проживаю самую счастливую в мире жизнь, то ли это вовсе не жизнь – еще не жизнь, внеочередной рай, увертюра, обман...

– Я понимаю, – кратко ответила Мэгги.

– Я учился превосходно и легко. Вокруг меня, где бы я ни был, собиралась компания также легкая и превосходная. Как я понимаю теперь, мне недоставало своеобразного сопротивления жизни, наподобие того тепла, которое выделяется при трении. Экзамена, который я сдал бы сквозь непонимание, отчаяние, головную боль, преодолевая себя. Жизнь как бы играла со мной в поддавки, заманивала в глубокую весело раскрашенную западню...

Мэгги невольно взглянула на костыль и веревку.

– Я встретил Элизабет в семьдесят третьем, когда нам обоим было по двадцать. Ее спокойная красота сразу умиротворила меня. Я вроде бы сказал себе и про себя: *Гэри, эта девушка не для тебя.* И мысль о том, что возле нее непременно появится подлинный принц, превращала мое нереальное счастье в обычный человеческий уют. Господи! мне только этого и надо было. В мечтах... Мэгги! даже во снах я любил девушку симпатичную, но не очень красивую, то веснушчатую, то с крупными зубами и смущенной улыбкой. У нас рождались смешные дети. Мир принимал нас без зависти. Я благодарил Бога, что не люблю Элизабет, но месяц проходил за месяцем, принца на горизонте не возникало, и вот я обнаружил, что люблю Элизабет так, как никто никого не любил. Любовь вошла в мою жизнь, как зубная боль, как чистое страдание; я вжимался лбом в холодную стену – и через две минуты она уже жгла мой лоб моим же отраженным безумием. Слезы ровно текли по лицу, но я словно не плакал. И если возникала во мне потребность увидеть Элизабет, то это была мысль не влюбленного, а мазохиста. Мне казалось кощунственным, что кто-то вообще посягнет на эту струящуюся красоту. Принц... да я его попросту убил бы. Между тем моя Элизабет немного похудела и побледнела; сразу мне представилось, что она неизлечимо больна и непременно скоро умрет. Любящий всегда эгоист; признаюсь, Мэгги, я не нашел большой разницы между своей любовью к живой Элизабет и к мертвой. Может быть, я и предпочел бы второй вариант, но тридцатого августа, в предпоследний день лета, ко мне пришел Дуг Клеменс, ближайший мой товарищ, и вызвал в парк для разговора.

В этом бешеном парке цвели магнолии и розы, пальмы словно предлагали вялым изнеженным посетителям ненатуральную, излишне яркую зелень своих гигантских листьев. Стрекот насекомых волнами набегал на нас. Был вечер, становилось прохладно. Ветер пушил мои волосы и волосы Дуга Клеменса.

Дуг осторожно, словно возводя из фраз спичечный домик, подвел меня к имени Элизабет. Оно словно замкнуло какую-то цепь в моем мозгу. Стрекот и шелест прекрасного парка перешли в гул, в гудение, готовое сорваться в визг. Я чувствовал, что схожу с ума. Ветер... он вытягивал мои волосы уже горизонтально, темным облаком позади головы. Ничто было не важно для меня – и в то же время я замечал все, каждую деталь равнодушного Божьего мира.

Это был ад.

Он подыскивал слова – несколько секунд, представившихся мне годом.

Оказалось, что у Элизабет есть подруга, которая гуляет с Дугом, и по страшному секрету Элизабет сообщила этой своей подруге, что безнадежно влюблена в меня.

Мы шли по бесконечной прямой аллее, сужающейся в точку.

Глава 17. О взаимной любви

Что сказать вам, Мэгги. Это только в тупоголовом голливудском кино таким образом драма превращается в комедию, и актеры, улыбаясь, как начищенные монетки в десять центов, распадаются на согласованные в сценарии пары. Две горькие половинки не так-то просто сложить в сладкий плод. Жизнь непохожа на лотерею: о! сошлось! – и давай плясать от радости. Да и какая радость с того, что твой любимый человек мучается так же, как мучаешься ты...

Вы скажете, Мэгги, что это уже кокетство, интеллигентсткие отговорки. Да нет, посмотрим на ситуацию с чисто медицинской точки зрения. Двум измученным, опустошенным людям предлагалось осчастливить друг друга. Но как, Мэгги? Как?

Мы с Элизабет встретились через два дня, первого сентября. Занятия в нашем университете еще не начались, не началась и осень, вот только кончилось лето. Природа стояла словно в антракте, покорно дожидаясь смены декораций. Ни ветра, ни жары, ни дождя. Ты поднимаешь руку – и кожа на твоей руке не ощущает ничего. А встретились мы, наверное, оттого, что нам все труднее стало объяснять Дугу Клеменсу и его с Элизабет общей подружке Эмили, почему же, чтоб тебя, мы так и не встречаемся. Мы сидели в маленьком университетском кафе и чувствовали, словно нас с похабным смехом пихают в объятия друг к другу. До этого дня за полгода шапочного знакомства мы не перекинулись с Элизабет и десятком фраз. Впрочем, я мог их сосчитать, потому что помнил все до мельчайших деталей, до графина компота на соседнем столе, до белоснежной клюшки, дернувшейся в сотне ярдов слева в прогале между зеленой листвы. Эти беззаботные фразы, Мэгги, когда мы с Лиз то ли еще не любили друг друга, то ли не знали об этом.

Отчего-то мы заговорили о предстоящем нам курсе латыни, о страшной, легендарной, почти мифологической его преподавательнице, старой деве с седыми распущенными волосами, как вампир кровью, питавшейся студенческим незнанием и небрежением. По сплетням, в минуту студенческого провала глаза старой ведьмы вспыхивали тусклым оранжевым светом, а ее латынь становилась гибкой и смертоносной, как у Цицерона. Одна флегматичная цветная студентка, увлекавшаяся мистикой, уверяла, что в латинистку вселялся в эти минуты дух матери Гракхов. Мне показалось это маловероятным и даже унизительным для духа: мыслимо ли зависеть от того, насколько плохо какой-то невежда знает латынь...

Элизабет улыбнулась суетливой судьбе гордого духа – и смахнула себе на руку чашечку кофе. Она не расстроилась, не отдернула руку, а лишь рассеянно отряхнула ее. Господи! она не почувствовала ожога. Я схватил эту руку и стал целовать ее – легкий вкус кофе и сейчас на моем языке. Она... Элизабет уткнулась носом мне в волосы, и мы оба плакали, не стесняясь, да никто и не смотрел на нас.

На середину октября мы назначили свадьбу.

Что видит слепой, Мэгги? Кто знает... Возможно, он видит одну черноту, а может быть, одно белое поле. Сам по себе свет без клочка тьмы... это то же самое, что тьма. Зрение предполагает линию, контур, перепад цвета. Если бы глухой холод проскочил между Элизабет и моей матерью; если бы ее мать, приехавшая из Невады, показалась мне глупой самовлюбленной индюшкой... Но все было прекрасно, так прекрасно, что нереально, слепо. Я бы сказал, что это было похоже на сон, но нет, мои сны были насыщены неким мутным конфликтом, скрытой тревогой, словно кто-то раздраженный поджидает тебя за углом. Моя жизнь становилась светла, как сломанный телевизор, как застиранное в ноль белье. Светла до полного исчезновения рисунка. Я улыбался целыми днями, так что к вечеру у меня сводило скулы. Как в античном театре, вокруг меня выстроились прекрасные люди в белых одеждах. Но в театре это артисты...

– Извините, Гэри, – хрипловато спросила Мэгги, – а вы сами были симпатичным юношей?

– Я был, – равнодушно и без тени рисовки отвечал Гэри, – очень красив. Этакое рекламное личико. Страдание правильным образом располагало на этом лице впадины и тени, так что оно не выглядело чересчур приторным. Лицо в десятку, говорящее о хорошем вкусе Имиджмейкера. Даже с каким-то отблеском духовного начала – как я теперь понимаю, духовное начало в лице выражается линией бровей. Кстати, я снялся в допотопной рекламе какого-то крема для бритья. Но своим вопросом, Мэгги, вы попали в точку... в одну из спасительных точек. Будь я пяти футов ростом, или с выпученными жабьими глазами, или кривобок, как секвойя, я бы столкнулся с фронтом человеческого недоумения, зависти, пусть даже брезгливости – и нашел бы тогда способ сломить это отношение, прорвать его. Но моя жизнь становилась похожа на шизофренический забег, когда ты встаешь на старт, ждешь выстрела, но вместо него к тебе бросаются фэны и корреспонденты, увешивают тебя медалями и венками, потом взваливают на спины и волокут к белоснежному пьедесталу, а потом кормят шампанским и персиками, пока тебя не начнет тошнить: персиками, шампанским, медалями, венками и всей этой прочей пургой!

Гэри встал и начал ходить по кухне взад и вперед.

Глава 18. Гэри женится на Элизабет

– Мне предлагалось, Мэгги, жениться на самой прекрасной в мире девушке, к тому же, по сильной взаимной любви. Один мой профессор намекнул мне о возможности работы в качестве его компаньона, другой безо всяких намеков предложил мне аспирантуру. Наш студенческий театр пригласили на фестиваль в Дакоту. И даже тренер по теннису клялся, что я могу утвердиться как профессионал. Я угодил в мечту какого-то безмозглого десятилетнего тунеядца, словно муха в смолу.

Помните, я говорил о рисунке на тонкой промасленной бумаге. Ничего не изменилось в моей жизни, но изменился характер моих опасений. Если раньше я боялся этой сквознячной дыры и хмурых очертаний за нею, то теперь я начал бояться, что эта бумага никогда не порвется. Знаете, у некоторых людей голос звучит через бархатную пленку, и хочется, чтобы она наконец порвалась. Но она, Мэгги, никогда не порвется. Никогда.

Я полюбил плохую погоду. Просто плохую погоду, когда идет мелкий колючий дождь, когда развозит дорожки в парке. Когда ветер гонит пылевые волны. Когда черный небритый снег лежит маленькими сугробами. Загвоздка, дорогая Мэгги, в том, что я *полюбил* эту плохую погоду, а раз полюбив, не мог уже не замечать, как прекрасен Божий мир...

«Божий мир прежде всего удивителен», – вспомила Мэгги слова Эрнестины.

– Меня немного отпустило на самой свадьбе: и в церкви, и потом, в длинном бревенчатом баре, специально камуфлированном под деревенскую избу. Знаете, в жизни каждого есть моменты, когда его с гиканьем подбрасывают и качают на руках. Но потом наступает нормальное серое утро и приходится мыть гору посуды. Посуду, кстати, вымыла моя теща. Я женился девственником и, как ни глупо это прозвучит, надеялся до последнего, что у меня не получится... извините, Мэгги, но уж если рассказывать, то слова не выкинешь. Не тут-то было, член у меня стоял, как фрагмент водопроводной трубы, и воспользоваться им оказалось так же просто, как молотком или угольником. Наступило утро, но не серое, а розовое, с соловьями и магнолиями. Лиззи, совершенно счастливая, глядела в белоснежный, с выпуклым амуром, потолок, а я чувствовал себя, как если бы последнюю щелку в моем доме... то ли в моем черепе конопатили благовонным воском. И, как вы догадываетесь, примерно в одиннадцать нам принесли кофе в постель. Кто-то злонамеренно продолжал вычерчивать мою жизнь белым по белому. Я сходил с ума.

Глава 19. Человек – кузнец своего счастья

Человек сам кузнец своего счастья. Знаете пословицу, Мэгги, не эту, другую, про грабли. Так вот, кузнецу Гэри Честерфилду предстояло собственными руками выковать грабли, на которые впоследствии можно было бы наступить. Просто чтобы очнуться.

Для начала я попробовал сменить компанию на дурную, но в университетской среде это оказалось так же невозможно, как, например, утонуть в Мертвом море. Я мог, прилагая известные усилия, перейти в менее рафинированный круг, где добродетель более тупа, а веселый порок так же безгрешен. Мне предлагалось погибнуть при помощи двух бутылок легкого красного вина за вечер и честной игры в роббер. Я сумел добавить в белое поле дополнительный оттенок белого. Однажды я приобрел гигантскую бутылку джина и уже собрался прикончить ее в одиночку, но одно представление об удивленном лице Лиззи заставило меня выкинуть бутылку, точнее, спрятать в дальнем углу кладовки. Впоследствии ее нашла там теща и настояла на этом джине какой-то целебный корень.

Я избрал академическую стезю и остался при аспирантуре. А занимался я, Мэгги, искусствоведением, как, впрочем, и сейчас занимаюсь. Театр, телевидение, кино, понемногу музыка, живопись, даже литература. Как на грех, это занятие нравилось мне и удавалось.

Знаете, когда персонаж мультфильма стукается на лету о сковородку, художник-садист изображает вокруг его головы хоровод разноцветных звезд. Я жил в эпицентре этого хоровода. Я сейчас чуть не сказал по инерции, что начал терять сон и аппетит. Нет, Мэгги, весь цинизм ситуации заключался в том, что я как раз не начал терять сон и аппетит. Все мои системы функционировали так же образцово, как на «Титанике». Женщины-профессора, превратившиеся для меня из существ по ту сторону кафедры в наполовину коллег, кошачьими голосами сообщали мне, что я совершенно не меняюсь последние семь лет. Из умеренно интересных событий мне светила плановая и благородная смерть в накрахмаленной постели лет этак через шестьдесят, при нотариусе и враче. Да и затем, судя по близорукой улыбке на поросячьем лице нашего университетского пастора, меня ожидало примерно то же блюдо, но уже навечно. В незримом табеле по его предмету у меня значились одни пятерки, если не считать, конечно, этого жуткого дребезга внутри, но видит Господь, я не был в нем виноват...

– А может быть, – прокашлявшись после долгого молчания, вступила Мэгги, – вам полагался бы индивидуальный рай, где вы были бы нищий, язвительный, колченогий, в вечных кислых супах и трухлявых табуретках, с постоянной ноющей болью в селезенке? И каждое утро сквозь сладкий сон вам приходилось бы переться на задний двор, в вонючий курятник... – Мэгги осеклась, увидев выражение лица Гэри. А он слушал ее слова, как музыку.

– Вряд ли, – ответил Гэри, посерьезнев. – Я думал о такой возможности. Дело в том, что рай предполагает перемену участи, но не перемену самого человека. Весь мой кошмар был во мне. А Господь, Мэгги, не отключает кошмара внутри тебя. На это тебе дается приличный срок в семьдесят-восемьдесят лет.

Господь... Я предположил, что он имел что-то в виду, сделав меня американцем. Тогда я назвал происходящее со мной *проблемой* и собрался в ней *разобраться.* Можно было бы добросовестно обсудить ее с товарищами, но у одного из них умирала от рака мать, а у другого возникли собственные *проблемы* с налогами, и мои жалобы им показались бы начинкой какого-то бездарного фельетона. И я изъял ровно сто двадцать долларов из бюджета нашей молодой семьи для посещения психолога. Сидя перед его дверью, я осознал две странные вещи: что это происходит со мной и что это происходит всерьез.

Глава 20. Благополучие как проблема

Двадцать долларов он заработал тем, что выслушал меня без смеха. На остальные сто ему предстояло дать мне совет.

Это был средних лет еврей, то ли армянин, с носом, напоминавшим водопроводный кран, и грустными глазами в форме зрелых слив. Выражение его лица словно говорило посетителю: ну *что я могу вам сказать*...

Он назвал мой случай запущенным и даже дефинировал его по-латыни, причем его глаза полыхнули при этом оранжевым, как будто сливы на мгновение показали мякоть. Он порекомендовал мне подумать о тех людях, которым еще лучше, чем мне. О сынках миллионеров и победителях лотерей. О Леонардо ди Каприо. Он припомнил несколько исторических фигур. Это было логично, но неубедительно. Тогда он взглянул на часы, словно они показывали остаток от моих ста двадцати долларов, и посоветовал мне совершить мелкое правонарушение. Это даст мне либо царапину на биографии, либо легкое нытье совести, а при следующем визите мы обязательно подумаем, как развить этот успех. Я последовал этому мудрому совету немедленно, сперев пепельницу из его фойе. Прекрасная пепельница, Мэгги, в форме морской звезды. Она и сейчас у меня, я могу вам ее показать. Нет нужды говорить, что ни моя биография, ни совесть от этого не пострадать не сумели. Больше я к нему не пошел.

Само слово *проблема* оказалось весьма удачным. Достаточно было сухо сообщить собеседнику, что у тебя *проблема*, как он кивал с видом полного понимания. Иногда требовалось уточнить вид проблемы: медицинская она или, допустим, финансовая. Моя проблема была метафизическая. Дуг Клеменс, зайдя в мое подсознание по самую щиколотку и уже захлебываясь, на слове *метафизическая* отослал меня к индейцу чероки.

– Где, – спросил я его, – теперь найдешь настоящих чероки?

– Билл, – ответил он, – учится на третьем курсе философского. Ты найдешь его в двадцать третьей комнате.

Нехорошее предчувствие овладело мной перед дверью двадцать третьей комнаты. И точно, ткнув ее, я обнаружил перед собой индейца с дешевой карикатуры, голого до пояса, натурально краснокожего и с вороным скальпом, аккуратно завязанным ленточкой.

– Билл? – спросил я на всякий случай, но тут индеец сделал неопределенный жест в глубь комнаты и вышел. Там на кровати сидел жирный и благополучный человек, напоминавший скорее китайца.

– Билл, – сказал он, – это я. Проходите.

– А это кто был?

– А это пижон Дэвис с Майами.

Помня о повадках индейцев, я предполагал, что мы с Биллом сейчас раскурим какую-то ошеломляющую трубку и, сцеживая по два слова в час, примерно послезавтра доберемся до моих дел. Но Билл попросил изложить мою *проблему* по возможности сжато и точно, что я и сделал. Когда время рассказа сомкнулось с текущим временем моей жизни, Билл сидел, закрыв глаза и, казалось, дремал.

– И вот, – закончил я, – следуя просьбе этого жирного чероки, я рассказал ему свою жизнь и увидел, что он уснул от удовольствия.

– Он вовсе не уснул, – отозвался Билл, не открывая глаз, – и вот что он скажет в ответ своему белому брату.

Глава 21. Поймай-солнце

В верхнем течении Миссури есть сырые и темные леса. В самых мрачных местах этих лесов растет белый цветок. Мои предки называли его *поймай-солнце,* и вот отчего: организм цветка так устроен, чтобы поворачивать сам цветок навстречу лучу, как локатор. Его стебель свободно выгибается, как стояк настольной лампы за восемь долларов. При нужде он может просунуть свой венчик в щелку между корнями секвойи. За счет ловкости и труда белый цветок получает каждый день свою порцию тепла и света, чтобы не умереть.

Белые женщины пристрастились покупать у чероки белый цветок. Взглянув на его чахлый вид и услышав его имя, они понимали, как нужно его содержать. Они ставили его на подоконник южного окна и отдергивали штору. А самые смышленые из них на ночь оставляли зажженную лампу позади цветка.

И цветок, следуя своей программе, ловил белыми лепестками огромное солнце, а на ночь, если хватало сил, оборачивался к белой ослепительной лампе, и сгорал в их огне за сутки или двое, потому что ему нужна была лишь капелька солнца, а в основном сырость и темнота. И когда он уже почти умирал, у него недоставало сил обернуться к горящему кругу. В тени он слегка приходил в себя и копил эти силы, но накопив, сразу дергался навстречу мертвящему огню, чтобы засохнуть в прозрачную смерть.

Я не помнил, как выбрался из двадцать третьей комнаты. Я поспешил к себе домой, и увидел лицо Лиз – оно мгновенно обернулось ко мне, словно белое лицо цветка.

И моя жизнь пошла, Мэгги, завертелась именно с этой минуты. Беспросветная, извините за дурной каламбур, история цветка *поймай-солнце* вроде как прорвала белесую пленку между мной и моей жизнью. Я увидел, что вовсе не все так сладко, как мне казалось. Это был дефект зрения, и я ведь это знал.

Латинистка с соседней кафедры, не та седовласая ведьма, Мэгги, та оказалась милейшей женщиной, другая, аккуратная белая мышь, так вот, она имела виды на часть моей нагрузки и писала декану, что я дешевыми способами повышаю в глазах студентов свой авторитет, например, пью с ними пиво в университетском баре. Отметим, Мэгги, что это была чушь: просто я там пил пиво и мои студенты тоже, и что такого, если они подсаживались ко мне? Душ в нашей ванной плоховато работал, и престранно – он исправно подавал горячую и холодную воду, но вовсе не смешивал их, так что стоять под его струей было холодно и горячо одновременно, и красноватые участки возникали на коже прямо между пупырышек, в правильном шахматном порядке. Сосед сверху... впрочем, Мэгги, стоит ли рассказывать вам перечень обычных неурядиц, которые так необходимы в общем узоре бытия?! У нас с Лиззи родились дети, мальчик, потом девочка, и мы торжественно прошли через все эти недосыпания, стоматиты, инфекции, диатезы.

Я был совершенно счастлив двадцать один год. И совсем не так, милая Мэгги, как до этого, а по-настоящему. То есть, со всем этим мусором, и пакостью, и гнилью. И Господь свидетель, никогда, никогда я не роптал на мелкие неприятности.

Глава 22. Все еще только начинается

Мэгги вздохнула глубоко и с облегчением. В волнении прошлась по кухне, открыла форточку, оттуда донеслась пьяная песня:

Гуляли две суки
по штату Кентукки... –

Мэгги закрыла форточку. В поле ее зрения попались веселенькие пакетики Гэри, и она подумала, что главные *проблемы* еще впереди, ночь длинна, а силы на исходе. Словно отвечая этим ее внутренним соображениям, Гэри откашлялся и продолжал:

– Все началось с того, что наш пастор вручил свою душу Господу. Я полагаю, у него это получилось по-домашнему, без обычных формальностей, как, бывает, открывает счет в банке служащий того же банка. Так или иначе, ему на смену прислали другого попа, похожего скорее на лемура, чем на свинью. В его огромные глаза был словно вмонтирован рентгеновский аппарат, а вдобавок левый глаз время от времени продергивал легкий тик, так что исповедь превратилась в многозначную, с двойным дном беседу. «И это все?!» – спрашивал чертов священник, читая что-то на задней стенке твоего черепа своими объективами и еще как бы хитровато подмигивая. «Все». – «Ну, ла-адно». Эти рентгены явно обнаружили в моей душе уплотнения и метастазы. И я вдохнул и выдохнул, и нырнул в собственную душу, как сантехник в канализационный люк.

Как ни странно, Мэгги, как ни странно, ничего такого уж выходящего за обычные человеческие рамки я не находил в последних двух десятилетиях. Я плутовал, халтурил, попивал, покрикивал на детей, ссорился и мирился с тещей, лаялся с латинисткой, пару раз обожрался (впрочем, за это Господь, не дожидаясь Страшного Суда, покарал меня жестокой изжогой), злословил и суесловил. Ну и что? Я даже несколько раз изменил Лиззи с аспиранткой, правда, я сразу объявил этой аспирантке (ее звали Люси), что ничего серьезного у нас с ней не получится, но она сама опасалась серьезного, как вирусной инфекции. Да, Люси, рослая фигуристая самка словно с обложки журнала, это был полновесный грех в натуральную величину, мы засиживались на кафедре, а потом бросались друг на дружку, я помню, однажды она повесила свой бюстгальтер на бюст Мэттью Арнольда, а я разместил свои трусы на полке среди разнообразных грамот и кубков, завоеванных кафедральными спортсменами. Я покаялся лемуру, он потребовал подробностей, плотоядно выслушал их, подмигивая чаще обыкновенного, но грех отпустил быстро и легко. Так вот, последние двадцать лет не тревожили меня, но то, что предшествовало им, представлялось мне неким черным монолитом, тем бóльшим, чем далее располагался он во времени, согласно какой-то мерзкой обратной перспективе. Я не мог ничего понять, пока одно слово не озарило мое сознание. **Ропот.**

Мэгги, я роптал, как никто на этой планете. Многострадальный Иов возроптал, когда Господь отнял у него все и наградил язвами и струпьями, да и то не сразу. Я же... впрочем, вы помните мои обстоятельства. Указывая на меня, дьявол срамил Господа. И я ужаснулся.

Я принялся изъяснять свой грех рентгену, тот довольно ловко обобщил его как *ропот* и отпустил. Покаяние оказалось преступно несоразмерно с виной. Отстуствие смачных деталей делало мой грех неинтересным для пастора. Можно было поездить по окрестным церквям и спустить грех по мелочи – это была бы хитрость, достойная американца, но недостойная Господа. Примерно тогда я получил новую работу, и мы переехали в Нью-Йорк.

Прошлое стало мучить меня, как тяжесть в желудке. Я подолгу ворочался, не в силах заснуть. Утро я встречал нечеловеческой тупостью; пил кофе, как зомби, и чистил зубы, как сломанный робот.

День проходил в тревожном ожидании, точно мои пальцы касались тонких, еле слышно дребезжащих струн. Вечер заставап меня полностью обессиленным. Ночь награждала безымянными... даже не кошмарами, Мэгги, а тяжелыми ватными фантомами, типа пластилина во рту. Моя жизнь снова начала мерцать, как картинка на бракованной кассете. Я ждал возмездия, да, Мэгги, я ждал возмездия на этом идиотском свете. И вместе с тем я понимал, что все это – кунштюк моего сознания, иллюзия, что моя жизнь объективно остается тем же, чем была. Но что такое жизнь объективно? Объективно это жрачка, испражнения и еще пара функций, менее обязательных для тварного бытия.

Глава 23. Появление Лизы

На этих словах Гэри Честерфилда заскрипела входная дверь, а потом, уже внутри квартиры, застучали остренькие каблучки. Не прошло и пяти секунд, как на кухню просунулось миловидное, но слегка обалдевшее женское лицо с немножко вытаращенными глазками, как бы говорящими: *ну вы и удивили меня.* Это удивление перешло с Гэри на Мэгги, потом на кухню просочилась вся мисс. Это было долговязое и неуклюжее создание в довольно нелепой одежде с претензией на крутизну. В левом ухе ночной гостьи покачивалась огромная серьга. Другая, поменьше, красовалась на пупке. Каким-то образом прикид изумленной леди скрывал под собой колени, локти и шею, но обнажал бедра, подмышки и практически грудь.

– Не было заперто, – сипло сказала гостья, чтобы что-то сказать. – Я Лиза, о'кей? А Марки где?

– Он спит, – ответила Мэгги.

– С кем?

– Один.

– А почему не с тобой?

– Потому что я не сплю.

Лиза пораженно взглянула на Гэри, словно требуя у него объяснений. Тот порывисто вздохнул, закурил со второго щелчка, встал и прошелся по кухне.

– Мне захотелось, – пояснила Лиза особенно сипло. – Хорошо бы меня кто-то трахнул, о'кей?

– Ничего не имею против, – сухо ответила Мэгги.

– Марки спит?

– Спит.

– Он много работает. Придет домой и спит.

– И спит.

– Но ты не обижайся на него, красотка. Что тут поделаешь.

– Да.

Лиза посмотрела на Гэри, словно ища у него поддержки. Тут ей в голову пришла мысль.

– Слушай, парень, – произнесла она сипло, но кокетливо, – как тебя зовут?

– Я здесь по другому вопросу.

– Я это понимаю. Странно было бы, если бы тут меня поджидал, о'кей? Но уж если так вышло, может быть, ты трахнешь меня? Как получится, без гарантии. А твоей подружке мы пока поставим кассету.

– Не видишь, – ответил ей Гэри с вежливой яростью, – мы разговариваем.

– Разговоры побоку, когда начинаются дела. Зато потом будет о чем поговорить.

– Я не буду с тобой трахаться, так ты поняла? Я скорее трахнусь с электрической розеткой, чем с тобой.

– Я вижу, – ответила Лиза кротко и села на свободный табурет. Все немного помолчали, как на похоронах.

– Продолжайте говорить, – произнесла Лиза негромко. – Я ведь вам не мешаю.

– Ты нам мешаешь, – сказал Гэри, накаляясь буквально на глазах.

– Расхотелось, – сообщила Лиза удивленно. – Бывает же такое.

– А пи́сать тебе не хочется? – спросил Гэри с показной заботой.

– Вроде нет. Я писала перед выходом.

– Ты подумай хорошенько.

– У вас разговоры, как в детском саду, – резюмировала Лиза. – Непонятно, как на такой тематике вы дотянули до трех часов.

На это Гэри не нашел, что ответить, только злобно затянулся.

– Послушай, Лиза, – сказала Мэгги, – давай не будем ссориться. У нас важный разговор. Может быть, ты в другой комнате посмотришь видео или примешь ванну?

– О’кей, о’кей, – сказала Лиза уныло. – Я только

еще немного посижу с вами. Я с позавчера не видела людей, если не считать этой кучи дерьма в лифте.

– Это, кстати, маньяк, – заметила Мэгги.

– Говори. Он такой же маньяк, как я президент. Просто несчастный наркоман не дотянулся до кнопки, теперь летит и глючит, будто дотянулся.

– Господи, Господи! – сказал Гэри.

Лиза поднялась и прошлась по кухне, потом вышла в прихожую.

– Эй, – донеслось оттуда, – а это что? Спину чесать?

Она вернулась с позолоченным костылем.

– В зубах ковырять, – мрачно ответил Гэри. – Положи на место.

Лиза отнесла костыль на место, вернулась с другим пакетиком и взглянула на Гэри всем своим вопросительным лицом.

– Это прочищать уши. Тоже положи на место.

Лиза посмотрела на костыль, на веревку, на Гэри – и выражение удивления на ее лице постепенно сменилось на *я так и думала.*

– Ничего не получится, друг, – сказала Лиза очень уверенно.

– Спорим на сотню баксов, что получится?

– Я не это имею в виду. Просто это ничего не решает. Околеешь и очутишься точно в таком же дерьме и точно в такой же ломке.

Видимо, Лиза угодила в самую точку, потому что Гэри поперхнулся дымом, долго кашлял, багровея и крючась (Мэгги уже было подумала, что он напрасно потратился в маркете), потом кое-как перемог себя и трудно, рваным голосом спросил:

– А ты что, уже околела?

– Нет, просто я многое видала.

– Ха. Можно подумать, я не видал того, что ты видала. Но это все здесь, а почем ты знаешь, что будет там?

Глава 24. Об устройстве мира

– А я много думала об этом. Понимаешь, человек создан так, что гадит под себя. И если ему ампутировать задницу, кишечник и пищевод вплоть до глотки, а потом для ровного счета глаза, уши и остальную муру, это мелкое происшествие вовсе не повод менять любимые привычки. Ты, я вижу, не очень ловишь под утро, так я тебе объясню проще: кого ты любишь, тех и делаешь несчастными; кого хочешь видеть перед собой настоящую первосортную вечность, именно их фасады будут тебя мучить и жарить, и невозможно отодрать одно от другого. И если попросить человека обустроить собственный рай, а назавтра – собственный ад, то самый хитрожопый федеральный агент не найдет там десяти отличий. А теперь рассуди, что может ожидать нас *там*, как не этот слипшийся *адорай*, который ты заслужил каждым дюймом своего засранного тела, плавно переходящего в душу? У меня был знакомый эскимос, так он говорил, что, бывает, прешься куда-то на собаках или на оленях, и уже давно должен быть магазин или пристань, а их все нет и нет, и только так клиент понимает, что в пути незаметно скончался. А чего ты хотел? Чтобы эскимос оказался в Майами? Если ты при жизни холил своих собак, то и после смерти они у тебя будут все жирные и в шерсти, как грудь мексиканца, а если ты был нерадив, то они будут синие и тощие, как русские куры, что до смерти, что после смерти, какая, друг, разница?

К концу этого монолога Лиза совершенно осипла и вынуждена была допить остатки кофе из обеих чашечек на столе. И тут заговорил Гэри, обращаясь не к Мэгги и не к Лизе.

– Господи, – сказал он негромко и примерно в той интонации, в какой сержант полиции обращается к лейтенанту, – поясни мне Свои планы. Мне показалось, что это Ты обращаешься ко мне через голосовой аппарат дешевой шлюхи, к тому же бракованный.

Все торжественно помолчали, потом Лиза порылась в холодильнике, нашла там йогурт, морщась, выпила его и откашлялась.

– Не знаю, могу ли я ответить за такое авторитетное лицо... – начала она.

– Не можешь. Мэгги!

– Я расслышала в ее словах много верного...

– В сторону! Много верного и у Господа, и у черта, и у кесаря. Скажи, Мэгги, услышала ли ты голос Господа в этом сипении? Да или нет, долой красноречие.

– Да, – сказала Мэгги после секундной паузы.

Услышав это, Лиза заалелась от удовольствия и полезла в холодильник искать второй йогурт. Гэри сел за стол и начал угрюмо барабанить по нему пальцами. Прислушавшись, Мэгги различила в стрекоте пальцев одну из мелодий «Статус Кво».

– Отлично, Гэри, – прервала она молчание, – мне не терпится узнать, что было дальше. Я думаю, Лиза доказала свое право также это услышать. Мы внимательно тебя слушаем.

– Я только сварю кофе, – отозвалась Лиза.

Гэри добарабанил, глядя в бесконечность сквозь трещину на потолке, и продолжал:

Глава 25. Новое искушение Гэри Честерфилда

– Ослепительная молния мелькнула в моем сознании, когда...

– Секунду! – прервала его Лиза от плиты. – Могу я вкратце услышать, что было раньше?

Гэри затруднился, но Мэгги его выручила.

– Гэри рассказывал историю своей жизни.

– О'кей.

– Так вот. Ослепительная молния мелькнула в моем сознании, когда я увидел, как моя жена Лиззи (он осекся, глядя на Лизу, – та жестами показала, что не виновата в этом совпадении)... как моя жена Лиззи принимает посылку из рук почтальона. В самом расположении их фигур я прочитал весь их возмутительный и омерзительный роман в самых сальных его подробностях.

– Это соответствовало действительности? – деловым тоном спросила Лиза, разливая шипящий кофе по чашечкам.

– Что за вопрос?! Конечно, нет! В одну секунду я превратился в ревнивого неврастеника при клинически верной жене. Надо сказать, мне стало немножко легче, потому что нет ничего страшнее ожидания. А так я сообразил, что **ревность** и есть мое возмездие.

Я крался сквозь колючие кусты, чтобы чертиком вскочить перед окном ее лаборатории и заглянуть туда. Я живо представлял себе мерно вздымающуюся среди похотливых стонов огромную черномазую задницу. Или сладострастно остекленевшее лицо профессора за стеклянными же очками, тупо глядящее в окно сквозь меня, в то время, как Лиззи... Я мог бы написать учебник по классификации извращений. Я никогда не подозревал, что в моем мозгу столько места. А видел только, как Лиззи задумчиво мыла пробирки, но мое больное сознание мгновенно напоминало мне, *после* чего она их мыла, *перед* чем и *как*. Сами пробирки мне казались фаллическими единицами, а движения рук Лиззи... Я отступал обратно в кусты, в душную тьму ночного города и моих собственных мозговых миазмов.

Я нанял частного детектива; он после месяца слежки отрапортовал мне, что Лиззи чиста, как американский флаг после стирки. Я понял его так, что он за мои же деньги спит с моей женой, и хотел было нанять киллера, чтобы его убить, но остаток критичности в моей психике уговорил меня всего-навсего нанять второго детектива для слежки за первым. Так я понял, что все они в сговоре. Я пошел к психиатру, и у меня хватило ума обратиться к женщине. Она за мои же триста баксов (цены-то растут!) пояснила мне, что я козел, кретин и ублюдок. Я поблагодарил ее и пригласил в ресторан, чтобы отомстить этой моей шлюхе-жене. Врачиха отказалась наотрез и так искренне, что я начал подозревать: тут что-то крупно не так.

Постепенно образ моего соперника ужался до фаллоса и мерзкой белозубой улыбки, зато этот набор представлялся мне вездесущим. Он располагался в сумочке Лиззи, на тумбочке возле нашей постели, на полочке в ванной. При этом краем мозга я знал, что Лиззи абсолютно чиста, и это было страшнее всего, как если бы ты летел в пропасть и пытался утешиться тем, что твоя левая нога сумела удержаться и стоит на обрыве.

Вы понимаете, девочки, до чего я дошел: я умолял Лиззи изменить с кем-нибудь мне в действительности, чтобы замазать эту жуткую трещину между моим сознанием и бытием. Но эта фригидная садистка отвечала мне категорическим отказом. Я прошел курс в нервной клинике Беррингема. Меня искололи транквилизаторами, отчего мои воображаемые соперники не исчезли, а как-то попритухли. Они по-прежнему трахали Лиззи в каждом углу, но без страсти, без души, казенно, чуть не зевая, и их грех получался вовсе непростителен и неизъяснимым. Он превращался в какой-то дьявольский долг.

Глава 26. Как вылечиться от ревности

– И ты до сих пор мучишься ревностью? – спросила Лиза, но не сипло, а довольно мелодично.

– Дерьмо! Конечно, нет. Разве ты не видишь, что я сижу тут четвертый час и абсолютно не забочусь о том, где Лиззи?

– То есть ты вылечился? Давай выпьем за это мартини.

– Видишь ли, Лиза, если мы начнем пить за все заморочки, которыми я страдал и от которых вылечился, мы с тобой сопьемся и очутимся в Гарлеме.

– О'кей.

– Если вам прискучило, то я перейду к настоящему моменту.

– Нет, Гэри. Нам вовсе не прискучило. А если пошла речь об излечении именно от ревности, то мне это настоятельно нужно. В прошлом году у меня был парень, его звали Фил, так представляешь себе, стоило мне с кем-нибудь переспать, так он сразу начинал заводиться. Просто маньяк какой-то. Он становился в позу Аль Пачино и каменным голосом спрашивал: *где ты была?* Нет, даже не Аль Пачино. Знаешь, меня один раз занесло на Бродвей, и я просмотрела там мюзикл про одного цветного, который женился на белой девчонке и не справился со своими комплексами.

– Отелло?

– Точно. Может быть, у меня хромает вкус, но эта пьеса показалась мне отвязной. Я смотрела на этого несчастного парня, а видела своего беднягу Фила. Я отвечала ему: мы просто переспали, ничего серьезного. Но он не верил мне и расспрашивал, что этот парень любит, о чем мы говорили, не приглашал ли он меня в кафе. Посуди сам, Гэри, на кой черт этому парню приглашать меня в кафе, если он получил практически все, что хотел? Ну, не стану врать, пару раз я сходила с одним из них в кафе, он угощал меня мороженым и даже пытался поцеловать, но я ему не позволила. Понимаешь, я не так воспитана. Секс сексом, это из области медицины, но моя душа, понимаешь, Гэри, ее нельзя сторговать по кусочку за две порции мороженого.

– Я вижу. Ты хочешь узнать, как я вылечился от ревности. Отлично, я тебе расскажу. Мне посоветовали обратиться к одному старому еврею, Абрахаму Рапопорту. Я надеялся, что он хотя бы раввин, но он оказался работником почтового отделения. Я явился к нему прямо на почту, и в крохотной боковой комнатке, среди коричневой плотной бумаги и запаха сургуча, поведал ему вкратце свою историю ревности. Он выслушал меня с кислым лицом, которое становилось все кислее по мере прослушивания, как рекомендуемая скорость исполнения в одном из этюдов Листа. Когда я закончил, зеленый лимон в сравнении с его лицом показался бы тебе сникерсом. И это кислотное лицо сказало мне буквально следующее.

– Исаак Зоренфилд, человек мнительный и малограмотный, при одном гешефте получил вдобавок к своей доле том медицинского словаря. Так как Исаак не мог извлечь корысти из этого тома иначе как его прочитать, он его прочитал, причем добросовестно. Таким образом он обнаружил у себя воспаление матки. С этим своим доморощенным диагнозом Исаак отправился к бесплатному врачу Хейфецу, но тот решил, что Исаак над ним издевается, и спустил его с лестницы. Тогда Исаак Зоренфилд одолел свою жадность и сходил к настоящему врачу Бронштейну, который впарил ему самое громобойное средство от воспаления матки. Средство Исааку помогло, о чем он похвастался перед своим ученым соседом Соломоном, а этот ехидный сосед с удовольствием поведал несчастному Исааку, что у того отродясь не было не только воспаления матки, но и самой матки. Исаак не спал ночь, а с утра подал в суд на Бронштейна, но суд решил дело в пользу Бронштейна, потому что он пациенту, пожаловавшемуся на воспаление матки, рекомендовал средство от воспаления матки, только и всего. Почем он мог знать, может быть, Исаак, говоря о себе, деликатно имел в виду какую-нибудь свою пассию. Секретарь суда, цветная девица, изнемогала от смеха, когда писала протокол. С Зоренфилда взыскали издержки по суду, в итоге он запил, запустил свой бизнес, его квартиру отобрали два мормона из Юты, и менее чем через семь лет несчастный Исаак Зоренфилд скончался в больнице для бедных в Бронксе от неизвестной болезни, симптомы которой подозрительно походили на симптомы воспаления матки.

Выложив эту информацию, чертов еврей отвернулся от меня и принялся оборачивать коричневой бумагой какую-то коробку.

– Ну и какой смысл для меня имеет эта история про Исаака Зоренфилда? – спросил я, чувствуя себя идиотом.

Абрахам Рапопорт только и ждал этого вопроса.

– Это твоя история, – сказал он. – Ты, как и несчастный Исаак, мучишься проблемой, которой у тебя нет. Ты боксируешь с фантомом и понапрасну теряешь силы. Посмотри на себя, похож ли ты на ревнивца. Ревнивец сам лихорадочно наставляет рога предмету своей ревности или хотя бы мечтает об этом. Ревнивец боится щекотки и склонен к аллергии, а ты боишься морозов и склонен к депрессии. Наконец, ревнивец всегда ревнивец, а не становится им вдруг.

– Так что же со мной?

– С тобой, – тут лицо его сделалось бесконечно дряхлым, а голос зазвучал, как иерихонская труба, – **грех познания.** Ты хочешь узнать, что делается там, где тебя нет, заглянуть по ту сторону стены, но она становится *этой* стороной, как только ты туда заглядываешь. Ты хочешь спросить меня, не волнует ли меня, трахает ли кто-нибудь сейчас мою Рахиль. Великий Б-г, да может быть, ее вовсе сейчас не существует, или она лежит в гробу вся в целлофановых цветах. Но по нашему молчаливому уговору с Провидением, когда я вернусь домой, совокупность атомов, условно называемая Рахиль, подаст мне другую совокупность атомов, условно называемую фаршированной рыбой. Подумай, шлемазл, сколько сил уходит у Высшей силы, чтобы поддерживать порядок там, где ты есть, так чего же требовать порядка там, где тебя нет? Самый лучший ковер нехорош с изнанки. Так вот, несчастный придурок, оставь в покое свою жену и утешься тем, что ты видишь перед собой, а если вздумаешь оглянуться, то делай это плавно и медленно. За самой упоительной кожей скрывается алая, пульсирующая, болезненная плоть; снимая покров, ты уничтожаешь образ мира. А теперь иди и больше не ревнуй.

Глава 27. Рано почивать на лаврах

– Так я и сделал.

– А как давно это произошло? – спросила Лиза деловым тоном.

– Два месяца назад.

На этих словах все как-то подобрались. Мэгги снова попробовала открыть форточку. На сей раз в нее вошел дрожащий холод и свежий аромат нью-йоркского утра: трепещущий озон, еле слышный запах мазута из порта, одуряющие дымки ванили и сдобы из булочной миссис Маргулис внизу. Издали доносились призывы в рупор к террористам насчет того, что они окружены и у них нет шансов, перемежаемые предложением пятидесяти тысяч и автобуса. С другого конца Манхэттена донесся взрыв, больше похожий на всхлип.

За изуродованным небоскребами горизонтом вставало огромное солнце. Оно пробиралось за громадами домов, там и сям вырываясь ослепительными лучами, полыхая в черных стеклах боковых зданий розовым огнем. *Кто я,* – отчетливо подумала Мэгги, – *зачем я здесь.* Черная птица, борясь с вертикальными воздушными потоками, летела между небоскребов.

– Месяц я был совершенно счастлив.

– Ура, Гэри. Месяц. Нам осталось выстоять всего месяц, и мы разопьем мартини, а потом поспим часок и съездим к моему приятелю-художнику на Бродвей. Ты не представляешь, какая у него студия. Раньше там был склад наркоты одной парагвайской группировки, ее разогнали фараоны, но, если хорошо принюхаться, аромат остался. А что связывает нас с прошлым вернее запаха? Он рисует какое-то дерьмо из пульверизатора, это мне вовсе не нравится, у меня архаичный вкус. Мне подавай Рафаэля или Веласкеса, понимаешь, Гэри, уж такая я сопля в современном искусстве. Мэгги, ты просто обалдеешь там, ты сядешь на пол, как китайская Барби, и будешь хлопать глазами, как секунды на цифровых часах, а пасть разинешь, словно в угоду стоматологу. Ну же, Гэри, что ты молчишь, разве не видишь, что мы просто плывем от нетерпения?!

– Извини, Лиза, если я тебя расстрою, но месяц назад я проснулся в пять утра с твердым ощущением: *случилось непоправимое.* Знаете, в моем классе училась одна девочка, Эльби, кстати, ее полное имя было Алабама, так ее мама научила, чуть что, травить. То есть, почувствует она даже не боль, а крохотный укол в животе или тень недомогания, сразу так деликатно отходит в кусты – и мы слышим характерный звук… знаешь, Лиза, много лет спустя я попал в зоосад со своими детьми и услышал, как ревет окапи. Ты не поверишь, один в один...

– Что же тут удивительного, Гэри, просто окапи реветь тоже учила мама.

– Да, видимо, дело в этом. Так вот, я приучился вытворять с собственной душой то же, что маленькая Эльби с желудком. И, присмотревшись к своим трофеям, я обнаружил там **стыд.**

– Стыд?

– Уверен, Лиза. Стыд.

– Да ты просто динозавр, Гэри. Я молчу. У меня в голове возбудилась тысяча примеров, и все они кинулись к лифту, который ведет к языку, но я молчу. Ты видишь, мне эти примеры кажутся сейчас неуместны. Я скажу коротко: не то чтобы я не видела в своей жизни людей, которые чего-то стыдятся. Я знала одного парня с испанскими корнями, который элементарно стыдился того, что у него была задница. Эта задница совершенно чинно себя вела, можно сказать, жила затворницей, никогда никому не показывалась, как восточная леди, а всю свою функциональную сторону исправляла в строго отведенных для этого местах. Но нашего мачо угнетал сам факт ее существования. И его не утешало, что задница есть у всех и каждого, вплоть до Авраама Линкольна. Я веду к тому, что многие стыдятся. Но – сейчас будет немножко сложно, Гэри, напряги мозги, – стыдливые вокруг меня всегда стыдились признаться в предмете своей стыдливости. Удалось тебе поймать?

– Да. А как ты узнала, что этот испанский парень...

– Прекрасный вопрос. Эти сведения из него выудил один психоаналитик под глубоким гипнозом, а потом рассказал своему сексуальному партнеру Фреду, довольно гнусноватому лысеющему типу из Флориды с фигурой, как у шахматного ферзя, а уже Фред...

– Я вижу. Что ж, Лиза, я не стыжусь признаться в том, что испытал дикий стыд, в сравнении с которым первородный стыд Адама после вкушения яблока показался бы стыдом старого близорукого нудиста перед зеркалом.

Глава 28. Гэри стыдно

Мне стало стыдно перед моей женой Элизабет. Если сказать прямо, я обгадил ей молодость: сперва не решая своих проблем, а потом решая свои проблемы, выясняя свои запутанные отношения с Господом. Но ведь, Мэгги и Лиза, строго говоря, отношения с Господом можно выяснить и после смерти, а отношения с любимым человеком – нет. Я скажу вам больше, если ты придешь к гармонии с любимым человеком, ты придешь и к гармонии с Господом. Когда я думал об этом, слезы текли у меня по щекам, как дождевые капли по ветровому стеклу.

Три дня я собирался с духом, чтобы испросить прощения у Лиззи. И на четвертый день я купил лучших цветов у одной глуховатой хорватки на углу

Тридцать Шестой, надел лучший свой костюм и вошел к Лиззи в комнату.

– Что случилось? – встревоженно спросила она. – Кто-то умер? Ты собрался меня бросить?

Я в самых торжественных выражениях изложил Лиззи свой стыд, и предмет этого стыда, и стыд за этот стыд, и прочие гарниры, а потом в выражениях еще более изысканных, как кремовый узор на торте, обратился к ней с мольбой о прощении.

– О Гэри! – сказала она. – Что за чушь! Тебе не за что просить прощения. Ты был лучшим мужем и отцом, и годы, проведенные с тобой, составляют цвет моей жизни.

Я вышел в недоумении.

Понимаете, хорошо бы она меня простила. Но она меня не простила. Она повела себя так, словно я не был виноват, но я, дерьмо, был виноват, потому что если чувствуешь свою вину и твои щеки распирает жаром, как медицинскую грелку, то пусть ведущий восьмого канала впаривает налогоплательщикам, что у тебя нет вины, но ты-то сам прекрасно знаешь, что она есть, а ведущий просто лжет за хорошие деньги...

– Какого ведущего ты имеешь в виду? – встрепенулась Лиза.

– Лесли Траппота.

– О Гэри! Как ты божественно прищемил ему яйца! Этот косоглазый ублюдок действительно постоянно лжет. Если даже спросить у него, как его зовут, и тут он отвечает *Лешли*, потому что Господь специально сделал его шепелявым. Но все, все! Гони дальше про свой траханный стыд и про то, как ты его одолел. Действительно, твоя супруга ответила тебе чересчур округло.

– Именно! Я было собрался к психоаналитику, но потом решил сэкономить время и деньги и сам проанализировал ее слова. И они сгорели под пристальным взглядом, как вампир на свету.

Конечно, я был и лучшим мужем и отцом, и худшим, потому что единственным. А насчет *цвета ее жизни*, так ведь эта змея не уточнила, какой, чтоб ее, цвет она имела в виду. Тогда я снова пошел к глуховатой хорватке, и она, увидев меня за квартал, уже заулыбалась и замахала мне букетиком фиалок. На сей раз я взял корзину лучших цветов, к своему парадному костюму прикупил галстук и дымчатые очки, воспользовался отбеливателем Майзеля для зубов и явился к Лиззи. Для начала она меня попросту не узнала и попыталась уточнить, по какому адресу меня послали. Потом села, как при дурном известии.

Я изложил ей свой стыд в выражениях прямых, точных и сильных, немного напоминающих стиль публицистики Нормана Мейлера. И она ответила мне:

– О Гэри! Если за этими твоими абстракциями стоит нечто конкретное, растрата, например, или измена, не томи меня и себя, скажи об этом и дело с концом. Но если тебя и впрямь тревожат фантомы вчерашнего дня, милый, забудь о них. Скажи, чем я могу тебе помочь.

– Прости меня.

– Но мне... Господь! Ладно, Гэри, я прощаю тебя. Это все?

Я ушел в замешательстве.

Слова были сказаны. Именно так, *растрата и измена,* потому что я растратил наши лучшие годы и изменил первым клятвам любви. Что любопытно, аспирантка Люси ни одним дюймом своего холеного тела не втерлась в сонм обступивших меня кошмаров. Это как если бы серийному убийце вменили еще неправильный переход улицы. Если вы спросите, каково мне было, я отвечу: мне было *стыдно,* очень стыдно, потому что я оказался не тем человеком, который должен был оказаться на месте меня. В то же время я сомневался, достанет ли тонкости чувств у моей Элизабет, чтобы понять мои проблемы. Пока я колебался, глуховатая хорватка сама приперлась ко мне на дом, узнав адрес у соседей, и привезла тележку цветов. Я купил эти цветы, чтобы от нее отвязаться, а уже с тележкой цветов на руках было бы глупо не пойти к Лиззи.

Я ввез тележку к ней в комнату. Она побледнела и приняла валидол.

– Мне, – начал я.

– Стыдно? – угадала она.

Я кивнул.

– Тогда, – сказала она, – будь так добр, выслушай меня очень внимательно. Мне было хорошо с тобой все эти годы за исключением тех трех раз, когда ты припирался с цветами и начинал макать меня башкой в соус из своих мозгов. Если ты будешь делать это раз в год, я, так и быть, с этим смирюсь. Но три раза в неделю, Гэри, для меня физически много. Когда ты в следующий раз приобретешь оранжерею, не привози ее сюда. Повесь этот костюм в шкаф и не надевай до моих похорон. А если тебя еще засвербит изнутри, веди себя как мужчина, то есть, напейся до состояния клинической смерти и в этом своем состоянии поделись этим своим состоянием с соседями по бару. А теперь, Гэри, пожалуйста, спусти штаны. Так. А теперь подойди к окну и прислонись жопой к стеклу.

Я сомнамбулически исполнил ее просьбы.

– Тебе стыдно? – спросила Элизабет.

– Да.

Она кивнула и закурила. Потом не спеша прочитала газету. Напоминаю вам, что я все это время стоял голой жопой к оконному стеклу.

– Тебе стыдно? – спросила Элизабет минут через восемь.

Я вгляделся в мутный сумрак своей души.

– Пожалуй, нет, – ответил я наконец. – Мне холодно.

– Можешь одеваться, – резюмировала она сухо и не глядя на меня.

Глава 29. Приближаясь к настоящему моменту

– Так с помощью несложного трюка я вылечился от тягостного стыда. Не знаю только, Лиза, можно ли рекомендовать эту методику твоему испанскому другу...

– Да какой там друг! Я же объясняю тебе, мой придурок Фил контактировал с этим голубым, Фредом, по поводу каких-то махинаций на тотализаторе. И Фред в порядке хохмы ознакомил его с некоторыми врачебными тайнами своего дружка-психоаналитика. Слушай, а может быть, он так клеился к моему Филу?

– Может быть.

Утро понемногу заливало комнату розовым светом. На углу хриплоголосый мальчишка торговал газетами. По пожарной лестнице ярдах в двадцати наискось от окна неторопливо спускались двое домушников в черных масках с прорезями для глаз и с фирменными альпинистскими рюкзаками за спинами. Тот, что лез вторым, подмигнул Мэгги. В прозрачном холоде утра проявлялась отдельная и нерастворимая линеечка жары. Жара и холод не смешивались, как вода в душе у Гэри Честерфилда, когда он жил в Далласе.

– Гэри! – требовательно произнесла Лиза. – Сколько там осталось досюда?

– Две недели.

– Тогда я относительно спокойна. Не то чтобы за две недели нельзя было бесповоротно обосрать всю свою жизнь, нет, можно и быстрее, но ты все-таки более созерцателен, чем деятелен. Вали дальше, и мы в тебя верим. Готова замазать на двадцатку, ты проснулся среди ночи, ощутив нечто нехорошее. Что?

– Что? А я спрошу тебя в ответ, что почувствовал Гектор, когда на него надвигался Ахиллес, огромный, как подъемный кран, и мрачный, как экономическая перспектива России? Что почувствовал Марат, когда к нему в ванную без стука ворвалась бледная гражданка с вот таким ножищем в руке?! Или, чтобы тебе было проще, что ощутил его товарищ Робеспьер, когда только тонкие стены сарая отделяли его от им же вскормленной бесноватой толпы? Или – совсем уж элементарно – представь себе: ты просыпаешься среди ночи, белая, мягкая и изнеженная, в одной койке с нашим общим другом Маркусом, и вдруг видишь, что в его глазах горят красненькие огоньки, как на выключенном телевизоре, а клыки отвисли на добрых два дюйма? Что почувствуешь ты, Лиза?

– У меня, Гэри, был учитель в младших классах, так он всегда требовал, чтобы мы отвечали за себя. Ты видишь, он воспитывал в нас таким образом личную ответственность. Поэтому я не буду отвечать за тех трех джентльменов, хотя догадываюсь, на что ты намекал. Что же до меня, то я для начала завизжала бы, как толпа болельщиков на трибуне, когда их команда забивает решающий мяч, и, думаю, слегка бы описалась, хотя гарантировать не могу. Потом я попробовала бы убежать, но запуталась бы в одеяле и трахнулась об пол башкой. А потом бы, вероятнее всего, проснулась в достаточно спорном виде. Сумела я ответить на твой вопрос?

– Вполне. А если обобщить одним словом, что?

– **Мандраж.**

– Правильно. Скажем проще и холоднее: **страх.**

Глава 30. Утро

Как только Гэри произнес это гордое слово, в спальне Маркуса словно завозилась гигантская крыса. Не прошло и двух секунд, как на кухню прошлепал сам Маркус, босой, в плавках со звездами и полосами и с улыбкой шириной в фут. Он нашел в холодильнике пакетик сока, выдул его одним махом и даже порозовел от удовольствия, как нью-йоркское небо. Маркус крепко пожал руку Гэри, пробормотав при этом *чудесное утро,* потрепал Мэгги по волосам, добавив *не выспалась, бедняжка,* и дружелюбно щелкнул Лизу по животу, заметив *опять болтаем.* Потом удалился в туалет, напевая, судя по всему, свой университетский гимн. Гэри, Мэгги и Лиза как-то притихли, словно школьники в курилке при явлении учителя.

– Итак, Гэри, – первой опомнилась Лиза. – Страх.

– Извини, – ответил ей Гэри и заорал вглубь квартиры: – Маркус, ты готов?

– Практически да, – донеслось оттуда. – Вот только почищу зубы.

Гэри взглянул на часы с деловым и даже надменным видом.

– Что ж, – подытожил он, – я переполнил чашу терпения своей жены и совершенно справедливо стал бояться того, что она меня оставит. И вот вчера вечером, придя с работы...

– Прости, Гэри, – встряла Лиза, – но ты как-то *выразил* ей этот свой страх?

– Ты видишь, Лиза, специально выражать страх

то же самое, что специально выражать потливость. Ты потеешь, вот и все. Скажем мягко, мне не постоянно и не одинаково успешно удавалось скрывать мой незаурядный страх. И вот вчера вечером, придя с работы, я не нашел дома ни Лиззи, ни малейшей записочки. Я ждал, покуда мог, а потом спустился в маркет, купил костыль и веревку и пришел сюда.

Время захлестнулось узлом. Мэгги непроизвольно потерла шею. Маркус вошел на кухню.

– Ты готов? – спросил его Гэри как-то особенно обыденно.

– Может быть, сперва по чашечке кофе?

– Давай, приятель, сперва дело, потом кофе.

– Я догадываюсь, потом не получится.

– Ну и дьявол с ним, с этим кофе. Не стоит растрачивать жизнь по мелочам. Пойдем, а через десять минут вернешься и выпьешь с девочками кофе.

– Хорошо, – ответил Маркус так веско, что Мэгги прошиб озноб вдоль хребта. – Давай только уточним детали.

– Если тебе все равно, я хотел бы висеть примерно в футе от пола лицом на восток. Но это вовсе...

– Нет, старичок, я имею в виду не эти детали. Давай будем реалистами: мне придется вызывать полицию, давать показания, излагать мотив.

Гэри довольно связно повторил самую концовку своей исповеди.

– Извини, Гэри, а мы не могли бы вместе поискать эту записочку, которой нет? А то обидно будет, если сержант обнаружит ее в каком-нибудь потайном месте, например, посреди стола. Понимаешь, меня задергают, как игровой автомат.

– О'кей.

Вся компания переместилась в уютную и со вкусом обставленную квартирку Гэри и обыскала каждый ее квадратный дюйм. Лиза даже настаивала на том, чтобы вскрыть старые письма, но остальные сошлись на том, что там вряд ли найдется записочка. Гэри наблюдал за этой деятельностью с видом усталого нетерпения.

– Не стыдно тебе, Гэри? – нравоучительно произнес Маркус. – Ты видишь, как тебя любим мы с Мэгги и Лизой, как землю роем?

– Я преодолел стыд, – было ему ответом.

Маркус воздел руки и брови к небу, совсем как завуч в школе Мэгги, когда она еще была Давидом Гуренко. Так или иначе, ситуация постепенно исчерпывалась. И тут Лиза спросила:

– Гэри, а ты прослушал автоответчик?

Все четверо стайкой подскочили к автоответчику и включили его. Сперва сквозь шорох пробился недовольный мужской голос с металлической ноткой и принялся пенять Гэри на несовершенства его последней статьи по Генделю. Несовершенств накопилось так много, что Лиза, не выдержав, захихикала и сказала:

– Ай-яй-яй, Гэри, – после чего Маркус махнул на нее рукой.

Наконец, недовольный знаток Генделя унялся и через маленькую набитую помехами паузу зазвучал усталый и милый женский голос.

– Гэри, дорогой, мы с Гремом и Мэри срочно уехали к тете Ванессе в Вирджинию. Будем звонить. Пицца в холодильнике. Целую тебя.

Ответом на эти слова был общий вой восторга. Гэри поздравляли, словно он выиграл ралли. Лиза повисла на его шее и не думала оттуда слезать. Потом вспомнили, что это Лиза догадалась прослушать автоответчик, и висели уже на Лизе.

Мэгги скакала и визжала вместе со всеми и одновременно уплывала в какой-то бесконечный сон. Маркус залез в холодильник, достал пресловутую пиццу и засунул ее в СВЧ.

Мэгги заметила кресло, как-то в два счета в нем оказалась и просто прикрыла глаза. Вокруг нее закружились голоса.

– Не выспалась...

– Маркус, отнеси ее в постель...

– Пусть тут поспит...

– Принеси плед...

– Позвоню в Бюро, возьму ей пару отгулов...

Мэгги открыла глаза, чтобы сказать, что вовсе не спит и великолепно сейчас поедет на службу, и обнаружила себя на простиравшемся до горизонта волнисто-зеленом лугу. По небу бежали уютные овечьи облака. Даже полному профану в сельском хозяйстве было очевидно, какая сочная и мясистая это трава, какое раздолье будет здесь баранам и прочему скоту.

Кто-то положил руку на плечо Мэгги – она порывисто оглянулась и увидела Эрнестину.

– Тина! Как я рада вас видеть! Но что вы делаете здесь... в Австралии – ведь это Австралия, не так ли?

Эрнестина отвернулась, словно скрывая слезы.

– Вы не хотите мне говорить? Случилось что-то неприятное... неужели, неужели мы обе умерли и попали в этот овечий рай?..

– Нет, что ты, девочка, – ответил Мэгги голос, складывавшийся из травяных волн, – ты просто спишь, потому что тебе надо выспаться.

– Но почему Эрнестина...

– ...просто спишь, потому что тебе надо выспаться...

И Мэгги словно ветром унесло из этого зелено-голубого рая – дальше, дальше, в светлую империю сна.

Часть четвертая

НЬЮ-ЙОРК И БЛИЖАЙШИЙ ПРИГОРОД

Глава 31. Мэгги немного устает

– Мэгги, тебе, как всегда, с брусникой и мидиями?

– Нет, – ответила Мэгги быстрее собственной мысли и успела даже удивиться твердости своего отказа. – И если можно, еще без теста и сыра.

– То есть, тебе томатной пасты.

Мэгги с трудом сглотнула.

– Нет, Фрэнк. Я догадываюсь, сегодня я вообще не хочу пиццы.

Фрэнк замер, глядя на Мэгги с таким выражением лица, словно внутри его черепа сталкивались и выгорали галактики.

– Фрэнк, все не так ужасно. Можешь мне взять что-нибудь кроме пиццы. Скажем, гамбургер... нет, что-нибудь кроме пиццы и гамбургера.

– Мэгги, ты не заболела? Мне вчера Сэм рассказывал о чудесном средстве на основе экологических трав. Правда, оно в основном...

– Нет, Фрэнк, я чувствую себя превосходно.

– Точно?

– Точно. Превосходно. Изумительно. Ошеломляюще. Сногсшибательно. Если можно, не смотри на меня так, иначе я метну тебе вилку в рожу.

– Предупреждаю: я увернусь. В самом крайнем случае пострадает вилка.

– Пожалей вилку, Фрэнк. Не смотри на меня, я сегодня неважно выгляжу. Пойди, возьми мне что-нибудь на свой вкус.

Фрэнк удалился буквально головой назад, глядя на Мэгги со страхом и нежностью.

– Чудесный парень, хотя простоват. Точно, Мэгги? Исполнитель.

– Фу, Смити, ты снова меня напугал. Откуда ты берешься каждый раз?

– В определенном плане это загадка даже для меня самого.

– Скажи, Смити, а с тобой бывает так, что тебе надоедает пицца? Сразу обращаться к психиатру или можно выждать двадцать минут?

Смит закурил, после чего его лицо стало еще более невыразительным, хотя секунду назад это казалось невозможным. Пожалуй, сейчас при всей неуловимости черт его, наоборот, можно было бы опознать среди тысячи лиц, как белый лист бумаги среди исписанных.

– Бывает ли так, чтобы мне надоела пицца? – повторил он задумчиво, как бы раскладывая перед собой этот нехитрый вопрос. – Я могу усилить эту модальность в любую сторону, дорогая Мэгги. Бывает так, что я готов разорвать ее на атомы от бешенства, вызванного одним ее существованием. Бывает так, что, наоборот, я надоедаю этой пицце, да так, что она лежит в моей тарелке и молится, чтобы я ее побыстрее сожрал, только бы не глядеть мне в постную рожу своими зелеными оливковыми глазами. А бывает так, Мэгги, что мне помимо пиццы надоедает весь этот мир: шевроле, шевалье, желе, шале, жулье и белье. И тогда я мысленно иду к полковнику и кладу на его стол свое удостоверение, а он обнимает меня за плечи и выслушивает мои бессвязные жалобы с выражением сострадания на бровях, а потом наш федеральный врач выписывает мне больничный на два месяца. Но все это мысленно, моя милая Мэгги, потому что в ФБР ценят тех, кто служит исправно, потому что их ценят везде. Этот клинический этюд я исполняю за тридцать секунд без отрыва от остальных функций, после чего вновь готов к труду и обороне. – Тут Смит продемонстрировал на своем лице общего положения жизнерадостный американский смайл. – Чего и тебе желаю.

За окном прошла старушка в платье в цветастый горошек.

– Ты позволишь, Смит, нам с Мэгги пообедать?

– Я вместо этого напомню тебе, Фрэнк, что вы с Мэгги не нуждаетесь в моем позволении ни для обеда, ни для других естественных отправлений. Выполняй заказы своего организма и будь образцовым американцем, сынок.

– Тогда я скажу прямее...

– Уж будь любезен.

– Не мог бы ты пересесть за другой столик? Мы тут будем есть, двигать челюстями, тебе это будет неприятно. Ты ведь, насколько я знаю, никогда не ешь.

– Да, как Билл Клинтон никогда не какает.

– С чего это ты взял?

– Никогда этого не видел. А с чего ты взял, что я никогда не ем?

Фрэнк открыл рот, закрыл и снова открыл:

– Короче, Смит, ты пересядешь, или...

– Или что?

– Или мне придется тебя пересадить.

– А можно один вопрос?

– Один – можно.

– Тебе приходилось пересаживать помидорный куст?

– Нет.

– Странно.

– Что?

– Ты не умеешь пересадить помидорный куст, а берешься пересаживать меня. А ведь я не в пример тяжелее.

– Встань, Смит, будь мужчиной.

– Спасибо, я посижу.

– Ну ладно.

Фрэнк встал, похрустел пальцами, снял пиджак, подошел к Смиту – и вдруг схватился за живот и с выражением крайнего удивления на лице мягко опал между стульями.

Глава 32. О злоупотреблениях в ФБР

– Не любит меня молодежь, – сентенциозно заметил Смит. – А спрашивается, почему? Не понимает – вот и не любит. А я не люблю популизма. Что мне толку в том, чтобы каждый меня понимал.

Смит как ни в чем не бывало пододвинул к себе пиццу Фрэнка, а Мэгги выделил три салата.

– Может быть, все-таки оставишь это Фрэнку?

Смит не мог говорить из-за набитого рта, поэтому скривился и жестами показал Мэгги, что сейчас ответит.

– Так. Мэгги, не разговаривай за едой. Что же до Фрэнка, то еще минуты три он не сможет есть из-за болевого шока, а потом минут семь из-за того, что этот болевой шок пройдет. А через десять минут если ему даже захочется пиццы, эта уже остынет. Так, парень? Нет, Мэгги, посмотри только, какой он злобный. Я догадываюсь, ты ему нравишься, и поэтому ему неприятно валяться между стульями.

– А ты думаешь, если бы я ему не нравилась, ему было бы приятно валяться между стульями?

Смит рассмеялся с самым благодушным видом.

– Очко в твою пользу, девочка. Видит Господь, я в тебе не ошибся. Давай посадим Фрэнка.

Они с Мэгги водрузили Фрэнка на свободный стул, как плюшевого медведя.

– Симпатичный парень этот Фрэнк, – продолжал Смит таким тоном, словно Фрэнк был на задании где-нибудь в Вегасе. – Но не так он прост, как кажется. Вот, например, если бы ты полистала его отчеты, то нашла бы такую деталь: все операции с его участием по освобождению заложников заканчиваются взрывом автомобиля и нестандартной ситуацией, где он действует, как герой.

– Что тут удивительного? Молодой, кровь горячая.

– Да, и я так думал: молодой, кровь горячая. Потом уточнил у Сандры из лаборатории, она сказала – нет, кровь нормальная. И я сказал себе: думай,

Смит, думай, старая клизма. Тут дело не в температуре крови.

– А в чем?

– Мэгги, ты читаешь мои мысли. Именно так я себе и ответил: а в чем? А в том, что на каждую такую операцию Фрэнку давали пачку меченых казенных денег для выкупа, чтобы потом, арестовав преступников, предъявить их им как улику. И эта пачка всякий раз сгорала в машине.

– Богатая страна, Смит. Люди дороже денег.

– Все имеет цену, Мэгги. В богатой стране люди считают деньги. И заурядный человек дешевле незаурядных денег.

– Да ты просто циник, Смит.

– Я реалист.

Фрэнк застонал.

– А, Фрэнки! Ты видишь: насилие порождает ответное насилие. Эта дорога не ведет к храму. Ладно, стони, только не слишком громко. Так на чем я остановился? Ах да, пачка денег сгорала в машине. Эксперты исправно лицезрели пепел. Загвоздка в том, что никогда не вникали в такую деталь: та ли это пачка? Не то чтобы это было невозможно выяснить, а это просто не выясняли.

– Погоди, Смит. Допустим даже, Фрэнк подменял пачку денег на куклу, а чтобы это не выяснилось, устраивал этот экшн в конце...

– Ты точна, как бормашина, Мэгги. Но давай ужалим нерв еще вернее: этот экшн и возникал, потому что преступники получали куклу вместо выкупа и понимали это. Ты видишь, это была довольно откровенная кукла, что и входило в шаловливый план Фрэнка. Что же ты не стонешь, парень, забыл? Увлекся сюжетом?

– Допустим, Смит. Погоди. Но что он потом будет делать с мечеными деньгами?

– Мэгги, ты просто гениальна. И я (не подумай только, что я примазываюсь к твоей гениальности; на то, на что у тебя уходят секунды, у меня уходили недели) – и я в конце концов подумал: а что, если эти деньги не помечены? И я открыл досье Хетчера, который помечает деньги, и выяснил, что они с Фрэнком однокашники еще по Кливленду. Нет, неплохо? Ты видишь?!

Смит, торжествуя, откинулся на спинку своего стула, доел пиццу и предъявил Фрэнку чистую тарелку. Мэгги чинно скушала салат из латука.

– Что ж, хорек, – с трудом разлепляя губы произнес Фрэнк, – доложи это начальству.

– Какой тон, Мэгги! Ни дать ни взять прокурор штата. Таким тоном чистый, как победа нокаутом, гражданин говорит с коррумпированным легавым, зацепившим его за слабое место. Но у нас все наоборот. Встать, молодая крыса.

Несмотря на то, что последнюю фразу Смит произнес даже тише предыдущих, к тому же прикрыв, словно от усталости, глаза, Фрэнк беспрекословно встал.

– Зачем мне доносить на тебя? Ты видел, чтобы вышестоящий работник подсиживал нижестоящего? Что мне нужно – твое место? твои три куска в месяц? мне нужно путем долгого шантажа выманить твой раздолбанный бьюик? или твой галстук с индийским орнаментом, смысла которого ты не знаешь, а носишь? Или ты думаешь, что я настолько забочусь о моральном здоровье ФБР, чтобы в свободное время давить прыщи на его белоснежной жопе?! Или я пыжусь перед этой условно русской условно девушкой и возвышаюсь, унижая тебя? Отвечай, подобие человека.

– Я не знаю.

– Ах ты не знаешь! Мэгги, попробуй тот салат, мне больно видеть, как ты его игнорируешь. Там кальмары и апельсины бесподобно сочетаются. Так ты не знаешь. А чего ради ты тогда попер на меня? Тоже не знаешь. Ты слышал историю про сардинку, которая захотела узнать, как работает рыболовный сейнер?

– Я догадываюсь.

– Иди, – Смит говорил, не открывая глаз. – Идите оба. Мэгги, скоро в твоей жизни наступят изменения, так помни на всякий случай, что все изменения к лучшему. И помни еще, кто тебя принял в ФБР.

Мэгги и Фрэнк были уже на выходе из бара, как в спину им донеслось:

– ...помни, кто тебя принял...

Эти слова... этот повтор что-то напомнил Мэгги. Какие-то не до конца изученные человеческим мозгом шестеренки завертелись в этом самом человеческом мозгу и через три минуты выдали: сон – сон об Австралии и Эрнестине, голос травы. Мэгги так и сяк попыталась что-то выжать из этой ассоциации, но не смогла. Пожалуй, Смит стал после сегодняшней сцены ей неприятен. Пожалуй, он и был ей неприятен.

Скажем больше – он смутно тревожил ее.

Глава 33. Новое задание Мэгги

Дальнейшие события развивались стремительно.

Не прошло и двух часов, как Мэгги вызвал ее начальник, полковник Левинсон, усадил в кресло, угостил стаканом колы (от остального Мэгги вежливо отказалась) и в видимом затруднении принялся несильно стучать мундштуком по спинке стула.

Мэгги чувствовала, что нравится полковнику, поэтому может позволить себе немного неуставной тон.

– Смелее, полковник, – поощрила она Левинсона. – Дурные новости лучше выпаливать сразу, как очередь из Калашникова.

– Видит Бог, – затруднения полковника не рассасывались, – у нас нет к вам претензий, равно как и дурных новостей для вас, мисс Мэгги. У нас есть для вас довольно необычное задание, смысла которого, к сожалению, я не могу вам раскрыть... по нескольким причинам. В частности, – Левинсон вдохнул, выдохнул и решился: – я сам... не до конца посвящен. Одним словом, подойдите сюда.

Мэгги подошла – на маленьком столике, словно специально для этого снаряженном, лежала изящная пластиковая карта в обрамлении трех удостоверений.

– На этой карте три тысячи долларов. И на ней всегда будут три тысячи, сколько бы вы ни потратили. Сумма будет восстанавливаться в течение получаса. Смотрите не потеряйте карту... хотя если вдруг и потеряете, мы найдем способ ее заменить.

Мэгги кивнула в знак понимания.

– Это удостоверение можете предъявлять всем и каждому. Это – шерифам и лейтенантам полиции в случае, если возникнут проблемы. А это, Мэгги, спрячьте куда-нибудь подальше и показывайте только представителям ЦРУ и ФБР в случае крайней необходимости. Надеюсь, до этого не дойдет.

– А президенту? – спросила Мэгги в шутку, но полковник безо всякого юмора лаконично ткнул пальцем во второе удостоверение.

– Теперь собственно задание. Оно... странное. Вам предлагается пересечь страну с востока на запад. Возможно медленнее, месяца за два, за четыре. Вы можете вступать в контакты с населением и устраиваться на временные работы. Запретных тем нет. Можете рассказывать, что вы федеральный агент или русский инженер...

«...вам все равно не поверят», – мысленно завершила Мэгги фразу Уайта Левинсона.

– Контроль за вами будет, но минимальный и косвенный. Мы будем знать о вас не больше и не меньше, чем о любом гражданине США.

Полковник закурил. Мэгги ждала главного. Полковник закашлялся, извинился, прочистил горло и сказал:

– Это все. Выезжайте возможно быстрее. Лучше сейчас.

Заключительные короткие фразы дались ему тяжелее остальных. Ощущалось, что вместе с заданием исчерпывалось его понимание этого задания. Он вверял Мэгги чьей-то надстоящей воле, и это угнетало его. Мэгги понимала, что сейчас не время для вопросов, но все-таки обратилась к Левинсону:

– Полковник, а кто такой агент Смит?

Мэгги ждала любого ответа: ледяной штабной вежливости, немного гипертрофированного взрыва уставного гнева, машинального округлого уклонения. Но полковник опять вздохнул – то ли по-стариковски, то ли по-бабьи – и произнес:

– Я не знаю.

Мэгги кивнула и вышла. Последнее, что она заметила в кабинете своего начальника, – это был солнечный зайчик под потолком, белый в радужной шкурке.

Когда она пересекала маленький холл перед выходом, ее догнал Фрэнк и схватил за рукав.

– Мэгги! Постой, дай я объясню...

Мэгги повернула к нему личико, полное слез.

– Что ты можешь сказать мне, Фрэнк? Чем ты лучше других, обкрадывающих свою страну? Ты расскажешь мне об инфляции в полпроцента, о счетах за кирпичный дом, о ребенке, зачатом по молодой дури, и о долге перед его матерью, о собственной матери на пенсии?

– Ты листала мое дело?

– Нет. Просто я слышала объяснения этого рода по обе стороны океана. Вроде как кот в минуту сытости поясняет мышам, для чего организму нужны животные белки. Пусти мой рукав, Фрэнк. Ты мне не интересен.

– Мэгги! Мое сердце... мое сердце готово разорваться сейчас. Так получилось, что у меня вот уже месяц нет человека важнее тебя. Я торчу от тебя как от девушки, но это не все. Это уже происходило со мной, но... яйца не главное в человеке. – Фрэнк всхлипнул. – Мое сердце... ты стала примером для меня. Иисус свидетель, я не делал... то, о чем говорил Смит, за время, когда видел тебя. И я клянусь...

– Не клянись, Фрэнк. Не усугубляй греха. Если человек привык чесать жопу, его жопа, в свою очередь, привыкла чесаться, а когда она чешется, нельзя ее не чесать. Вот тебе и круговорот греха. Мы считаем, что грех – это вроде водопоя за дырой в ограде. Хотим, пролезем и попьем, а не захотим – так и не полезем. А грех – это вроде барабана у стиральной машины. Белье и хотело бы оттуда выскочить, а только кувыркается в грязной воде. Покуда Господь не вытащит его. Поэтому не клянись, Фрэнк. И пусти мой рукав, иначе я сниму кофточку и оставлю тебе в подарок.

– Этот мерзавец просто хотел вбить клин между нами, как ты не понимаешь?!

– Это ему удалось.

Фрэнк отпустил рукав и закрыл лицо руками. Мэгги оглянулась от дверей – он так и стоял посреди холла, как статуя скорби. Мэгги уже хотела вернуться и проститься с Фрэнком сердечнее, но один лишний шажок – и сработал фотоэлемент стеклянных дверей, они разъехались, и глупо было бы в них не пройти. Мэгги вышла на улицу – ветер мгновенно разметал ее рыжеватые кудри; небоскребы рванулись вверх, сходясь в немыслимой высотной перспективе в одну головокружительную воздушную яму.

Глава 34. Мэгги едет на запад

Да, дотошный читатель, Мэгги не удосужилась обзавестись в Нью-Йорке машиной. Так вышло: она осмотрела два экземпляра, но в базисном капиталистическом отношении качество/цена первый раз ее не устроил числитель, а второй – знаменатель. Впрочем, как всегда, события сочетались не сами по себе, а нанизывались, как кусочки мяса на шампур, на психологическую ось. Автомобиль был бы для Мэгги футляром, лишним слоем между ней и миром, а она скорее хотела бы уничтожить эти слои.

В задумчивости Мэгги вышла на перекресток с четырьмя автобусными остановками и избрала западное направление. Муниципальный транспорт тут ходил неважно, но Мэгги никуда не спешила.

Боковым зрением она улавливала ярко-красное пятно на ровно-сером фоне. Что это было – вывеска? реклама? так или иначе, Мэгги уютнее было воспринимать этот фрагмент мира вне смысла, как красное на сером. Город сейчас ей воспринимался естественно, как улей или муравейник. Виляя между рядами автомобилей, проскочил оранжевый форд, за ним, ярдах в двухстах, – полиция с сиреной. Ветер погони коснулся лица Мэгги.

В этом городе практически каждый хотел немножко больше денег, чем заслуживал, – именно на этом почти физическом феномене были замешены и ритм, и темп всеобщего движения. Мэгги нащупала во внутреннем кармане сумочки неразменную карту. Карта выводила ее из игры – она уезжала из Нью-Йорка.

Город отражался сам в себе, в своих темно-зеркальных поверхностях, двоился, множился, нарезался кусками. Вертикальные вихри не унижали человека, а тянули вверх. Небоскребы как бы дразнили его. Мэгги оглянулась, желая получше запомнить все, ухватить кадр глазами, – и тут подошел автобус.

Возле задней двери трое белых подростков методично грабили пожилую пару. Мэгги взяла билет до конечной и села возле окна. За окном замелькал Нью-Йорк: подножия домов, толстая тетка с тремя далматинцами... тут Мэгги стало скучно – и она закрыла глаза.

Город не имел четкой границы; он затихал и возобновлялся, как дурнота. Давно завернул на конечную автобус, слегка подвез Мэгги и умотал по своим делам усатый смеющийся негр, чем-то похожий на кавказца. Полмили Мэгги задумчиво прошагала пешком, машинально отказывая различным джентльменам, желающим ее подвезти. Но оглядываясь, она видела Нью-Йорк – вечер высветил его целым пожаром огней. Мэгги вздохнула. Свернув с шоссе, она вышла на небольшую, словно игрушечную площадь: двухэтажный отель, бензоколонка, аптека, кафе, красивый ослепительный фонарь. Это место словно бравировало своей провинциальностью, не оправданной территориально. Недоставало лужи с гусями и колонки с водой.

Мэгги зашла в отель и заказала во всех отношениях средний номер. Ее волшебная карта сработала, более того, Мэгги почти физически ощутила, как карта принялась восстанавливать потерю. Взяв ключ, Мэгги прошла в бар на первом этаже.

В баре было практически пусто; лишь за одним столиком в центре небольшого темноватого зала располагалась пожилая чета. Вслед за Мэгги в бар вошел человек, которого пожилые супруги, судя по их бурным приветственным жестам, давно ожидали. Мэгги деликатно посторонилась, потом оглянулась – сзади не было никого. Сперва она подумала, что муж с женой пригласили на ужин человека-невидимку, но потом поняла, что весь этот восторг предназначен ей. Мысленно пожав плечами и изобразив на лице самое американское выражение из ей доступных, Мэгги села за единственный занятый столик.

Глава 35. Путешествие Майка и Катарины в Европу

– Что будешь есть и пить? – заорал муж, словно на рок-фестивале.

– Чудесная кофточка, – заявила жена немного тише и как бы вторым голосом.

Мэгги не нашла, что ответить, и промолчала, глупо улыбаясь. Вблизи супруги оказались похожи, как два гамбургера: веснушчатые красные лица, белесо-голубые глаза, очечки в тонкой оправе, седые волосы (у мужа прямее, у жены курчавее). Пожалуй, еще жена была чуть потолще. Одеты они были в желто-красные майки, причем цвета перемежались причудливыми пятнами, словно на собачьем боку.

– Мэгги, – сказала Мэгги.

– Майк.

– Катарина.

– Очень приятно.

– Откуда ты, дочка?

– Из Нью-Йорка.

– Ну, это понятно. А вообще?

– С Багам, – ответила Мэгги совершенно искренне, немного удивившись этому своему ответу.

– С Багам! – оживился Майк. – А ты не встречала там Теда Булройта? Сержанта Теда Булройта... хотя какой он теперь сержант.

– Нет. Багамы большие.

– Это точно. А как там с климатом? Не напартачили еще?

– Там замечательный климат.

– А мы только что из Европы, – лучезарно вставила Катарина. – Греция, Румыния, Россия.

– Ну и как?

– Да ты возьми хотя бы молочный коктейль.

– Ладно.

– Как? Да потрясающе. Греция почитай вся из неотесанных камней. В Румынии мы видели такой песчаный карьер, что (Майк посчитал на калькуляторе) нашей кошке хватило бы на миллион лет с хвостом. А в районе Карпат там и сейчас полно вампиров.

– Вы верите в вампиров?

– Моя сестра Бетти, она, к великому сожалению, умерла восемь лет назад, всегда говорила мне: нет причин не верить в плохое. Ты не поверишь, когда я приходила к ней, она трижды переспрашивала из-за двери, кто это, а потом все равно открывала через цепочку и всматривалась мне в лицо, как косметолог. Вроде бы это я, и имя мое, и голос, ну а вдруг это все-таки искусный маньяк-иллюзионист? Только, я догадываюсь, маньяка не смутила бы цепочка толщиной в палец годовалого младенца.

– Твоя Бетти, мир ее праху, была неврастеничка. Просто неврастеничка и ничего больше.

– Ты проживи с ее, Майк, а потом суди.

– А я уже старше ее, – обрадовался Майк.

– Не смеши меня. Она отошла в семьдесят восемь.

– А мне уже семьдесят девять.

– Не смеши меня.

– Посчитай.

Катарина достала калькулятор, довольно торжественно провела вычитание четырехзначных чисел и долго, качая головой, смотрела на результат.

– Майки, Майки, какой же ты старый боров. Что же ты молчишь, я ведь так могла пропустить твой юбилей.

– Ну уж не надейся. Я напомню тебе ровно за сутки, чтобы ты успела приготовить лимонный пирог и свинину.

– Он любит свинину и лимонный пирог, – пояснила Катарина Мэгги.

– Я вижу.

– А в вампирах, доченька, нет ничего удивительного, – изрек Майк. – Легенды о них безусловно есть, с этим ты спорить не будешь. И вот одной прекрасной ночью какой-нибудь трудный подросток, начитавшийся дури, просыпается с мыслью, что он вампир и слышал голос. Скептик скажет, что у парня просто порвался сосудик в башке, но не все ли это равно, если он уже крадется за амбаром, а в небе луна, бледная, как тренер «Шакалов» позавчера, когда они так позорно слили «Гиенам». Для начала наш парень зарезал соседскую овцу и прильнул к ее артерии. Ему понравилось. Можно теперь сказать, что у него испорченный вкус. А можно назвать его простым словом *вампир*, и никакой мистики тут нет.

– А как же нечеловеческая сила, чеснок, осиновые колы и прочие частности?

– Преувеличение. Самовнушение. Отчасти, впрочем... Но как красивы старые разрушенные замки на фоне разрушенных, старых гор! Даже листва деревьев там спутана, как волосы сорокалетней алкоголички, которую Господь никак не лишит красоты. Господь! Кажется, что он проводит и проводит огромным пальцем по человечьим изделиям, просто в великой задумчивости, обращая их вновь в строительный материал. Горы там лысеют от веков, как какой-нибудь дубоголовый фермер в Небраске. Сквозь руины видны звезды и луна. В неуютных чащах волки воют так жалобно, что хочется найти их и приласкать. А папоротник и можжевельник гоняют по своим жилам не какой-то постный растительный сок, а горький настой столетий. Воистину это великая страна!

Майк, разгорячась, опрокинул стаканчик с каким-то дринком. Бармен в прострации протирал такие же пустые стаканчики, хотя они давно состояли из одних световых бликов. Мэгги пригубила неизвестно откуда взявшийся молочный коктейль – он оказался прохладным и ароматным.

– В Греции, – подхватила Катарина, – Майк потерял паспорт в чемодане, а нашел его уже в самолете. Иисус свидетель, что нам пришлось пережить. Подвиги Геракла по сравнению с нашими – просто экскурсия в Диснейленд. Я не буду рассказывать тебе всего, только одна деталь – я оформляла Майкла как ручную кладь.

– Сумочка с дерьмом, – самокритично вставил Майкл.

– Удивительно: легче поднять в воздух слона, чем это оформить.

– Конец времен, – изрек Майкл.

– Не обольщайся. Просто ребенку кажется, что мир родился немного раньше его, а старикам кажется, что мир угасает вместе с ними, разве что слегка отстает. Но то, что нам представляется вселенской агонией, в масштабе эпох есть только секундное жжение в животе, как, бывает, толстый негритос переложил горчицы в хот-дог, задержал дыхание и поскакал дальше.

– Да, – подытожил Майкл без поправок.

Пожилые супруги посмотрели друг дружке в глаза, как если бы нестрашный монстр одновременно пошевелил обеими головами.

– Расскажи о себе, Мэгги, – попросила Катарина.

Глава 36. Мэгги вглядывается в себя

– Что ж, – невозмутимо сказала Мэгги, – я расскажу вам правду, а вы сами решайте, куда ее девать. Я родилась два месяца назад на Багамах, как Афина из головы Зевса, из головы одного русского придурка, когда он стукнулся ею о рекламный щит. Мне дали имя условно дееспособные врачи, размякшие от курортной жизни, и, вероятно, окропили кока-колой прямо на реанимационной койке. То, что вы видите между шеей и челкой, отражает вкусы еще одного костоправа, чье собственное лицо мне совсем не нравится. В настоящее время я работаю федеральным агентом за шесть кусков в час, если не отходить от банкомата. В моей памяти, как дерьмо в негодном кишечнике, лежит никчемная жизнь пресловутого русского еврея, чьим биологическим продолжением я формально являюсь. Между нами, однако, нет ничего общего. Он был весел, жаден, поминутно облизывался, любил выпить, покушать и залезть кому-нибудь под юбку. К тому, что прямо его не затрагивало, относился иронично...

– Но нас, доченька, интересуешь ты, а не он, – уточнила Катарина. Майкл кивнул.

– О'кей. В настоящее время я выполняю задание моего непосредственного начальника Уайта Г.Левинсона, пересекая Америку справа налево и возможно медленнее. Смысл этого задания неизвестен ни мне, ни ему.

– А скажи, милая, веришь ли ты в Бога? – спросила Катарина очень серьезно.

– Да, – так же серьезно ответила Мэгги. – Мне

ли не верить в Бога? У меня, в отличие от миллионов других граждан, нет сомнений в том, Кто меня создал.

– А любишь ли ты людей?

Мэгги мгновенно представила себе тех, с кем ей пришлось встретиться на Багамах, в Нью-Йорке, да и в этом баре, и ответила:

– Да, – не стесняясь и не задумываясь, не слишком ли нахально это звучит.

– Что ж. Давай встретимся завтра здесь же в одиннадцать утра. У нас, скорее всего, созреет к тебе некое предложение. Доброй ночи.

– Доброй ночи, – ответила Мэгги. Ее словесный автопортрет, как ни странно, взволновал и удивил ее самое. Она и не подозревала, какой зыбкой была ее связь с Давидом Гуренко. До этой минуты все вокруг происходило с ней как бы чуть-чуть не всерьез, с допуском в каких-то полпроцента. У Мэгги вроде как оставалась немножко мошенническая возможность обратно переменить пол и вернуться в Москву... но сейчас с блистательной ясностью она увидела, что таким образом получится не Гуренко, а изуродованная и засланная американская девушка. Она сможет морочить головы матери, корешам и подружкам Давида пару месяцев, затем ее собственные черты вылезут наружу, как арматура из гипса. Тут Мэгги задним числом ощутила в своих рассуждениях некую слабость, типа гнилой досочки в деревянном настиле.

Вот! *Американская девушка.* Глядя внутрь себя наподобие Гэри Честерфилда и лишенная малейших поводов для лукавства, Мэгги произвела ревизию своего национально-патриотического сознания. Результат оказался таков: ее менталитет был, несомненно, русским; любила же она обе великие страны, точнее, она любила людей по обе стороны Великого океана.

Второй раз за пять минут напоровшись на это соображение, Мэгги встала, положила на стол десять долларов (хотя бармен показал жестом, что в этом нет нужды) и поднялась к себе в номер.

Последнее, что она видела перед глубоким детским сном, – огромная белая-белая луна с темноватыми вмятинками и две графично-черные ветви на ее фоне, как бы кланявшиеся ей и аплодирующие бесшумно листами.

Внутри первого же сна, гулкого и серебристого, гостиничный номер Мэгги невероятно расширился и углубился, оставаясь, впрочем, гостиничным номером. В дикой высоте горели студийные юпитеры. И откуда-то со стороны окна к Мэгги приближалось что-то, категорически не бывшее человеком.

Это было понятие, печальное и мелодичное, – то ли прошлое, то ли будущее, то ли какое-то неведомое нам тут, в нашей сцепившейся реальности, время. Мэгги в оцепенении ждала, когда же фронт захлестнет и преобразит ее, но тут в ней возникла и возвысилась жалость к себе, но как бы отстраненно, как к третьему лицу; нежелание терять именно это человеческое существо, причем не из-за его невероятных достоинств, а просто по совокупности сложившихся черт, словно узор в калейдоскопе. Итак, сон не кончился, а прервался, и за ним обнаружился другой. Тут Мэгги бежала по гиблым местам, где на болоте против всех биологических законов произрастал какой-то сушняк.

Сразу обозначилось: все равно, от кого или за кем бежит Мэгги, потому что темой и предметом этого сна был сам бег, бег как таковой, словно снятый ускоренной съемкой, бег, не требующий напряжения мышц и не вызывающий усталости, бег, похожий на полет с препятствиями. То, от чего приходилось Мэгги уворачиваться, возникало перед ней кадр за кадром: мертвая осина с растопыренными руками, безымянный надломленный ствол, продолговатое озерцо с отчетливой зеленой коркой на поверхности черной воды. Но неизменно находилось, куда поставить стопу и как повернуть тело. Получалось, что этот бег организован чьим-то сознанием, превосходящим сознание Мэгги.

Она уходила по галерее снов, тщетно пытаясь запомнить дорогу назад.

Глава 37. Мэгги захворала

Она проснулась от яркого снопа света – встала, споткнулась и упала, но не на кровать, а как-то косо, больно ударившись о металлическую планочку. Отдышавшись, как старуха, она встала вновь. Ее кости ныли, самим этим нытьем приковывая Мэгги к реальности. Мэгги нашла глазами часы – часы показывали семь. Тогда, прикрыв глаза лодочкой ладони,

Мэгги выглянула в окно. Ее, оказывается, слепило не солнце, а лампа фонаря – знаете, такое случается с электрическими лампами, они перед смертью начинают светить со страшной силой. Мэгги оперлась на подоконник и отдышалась. «Господи, да что же это со мной?» – праздно подумала она.

Интересно, что элементарная мысль о болезни не пришла в ее головку, впрочем, этой же болезнью и помутненную. Мэгги забралась в постель и укуталась; ее трясло. Она подумала, что постарела сразу и вдруг, по прямому велению Господа, как и возникла. Что жаловаться не на что и некому. Что она провалила задание полковника Левинсона, и никому, никому больше не сможет помочь. Потом забылась без снов, словно забилась в боковую нору.

Когда она отворила веки в следующий раз – липкие, словно снабженные магнитиками, – перед ее носиком возвышалась тумбочка, уваленная лекарствами, а чья-то прохладная рука ощупывала ей лоб. И снова провал.

В следующий раз был мягкий вечер, на стуле перед кроватью сидела сутулая женщина. Мэгги, присмотревшись, узнала ее – это была мать Давида Гуренко.

– *Здравствуйте, Белла Самойловна!* – сказала Мэгги. – *Откуда вы здесь?*

Женщина, не отвечая, жадно осмотрела Мэгги.

– *Дочка,* – сказала она, но так, что осталось неясным, то ли она считает Мэгги дочерью, то ли просто обращается к ней, как зачастую в России старшая женщина обращается к младшей, – *дочка... Ты знаешь, я всегда хотела дочь, но никогда не говорила об этом Давиду.* – Она приподняла одеяло и обнажила ногу Мэгги. – *Смотри, это шрам от падения с велосипеда.*

– *Нет,* – мягко возразила Мэгги, – *это шрам от автокатастрофы на Багамах, но и тот шрам, о котором вы говорите, тоже есть. Он на другой ноге.* – Мэгги поменяла ногу, и мать присмотрелась к старому и тусклому шраму в форме улыбки. – *Давид ужасно злился и все искал, кого обвинить: дорогу, велосипед, ту девочку, которая проехала по тому же спуску и по тем же корням, но не свалилась...*

– *Маринку.*

– *Да, Маринку. Он так злился, что даже не чувствовал боли. Он...*

– *Да. Ты не он. Ты помнишь все, но ты не он. Ты вроде его индивидуального обвинителя на Страшном Суде.*

– *Они не понадобятся.*

– *Вероятно. Но ты... Мэри?*

– *Мэгги.*

– *Никогда не запомню. Мэгги... почему ты не зовешь меня матерью? Ведь я тебя родила.*

– *Вы родили не меня.*

– *Нет, дочка. Это может сказать любой слесарь и любой мистер: никого из них мать не родила таким, каким он стал. Человек меняется и преображается, но где-то вдали его родила мать. Я не воспитала тебя – это так. По каким-то причинам я воспитала Давида Гуренко. Между нами говоря, и в нем было что-то хорошее, но я не знаю, откуда оно взялось. Но ты... ты моя дочь и только выздоравливай, выздоравливай поскорее. И не спорь со мной, потому что спор отнимает силы. Хорошо?*

– Хорошо.

– А теперь закрой глаза.

Мэгги закрыла глаза, а потом суетливо их открыла, чтобы назвать мать матерью, но в номере не было никого, кроме флегматичного стюарда, поводившего бархоточкой по деревянным прибамбасам на зеркале.

– Э, простите, – обратилась Мэгги к стюарду, – тут была женщина средних лет из России?

– Тут была и есть пожилая чета, вернувшаяся из Греции, Румынии и России.

– Я не о них говорю. Русская женщина, Белла Гуренко.

Стюард поразмыслил.

– Нет, мэм. Учитывая то, что вы хвораете, скорее всего, это вам привиделось. Извините, конечно.

– А что, если и ты мне привиделся? Не допускаешь такой возможности? Представь: ты мой глюк и исчезнешь, как только я выздоровлю. Неприятно, а?

– Я получаю восемь долларов в час, следовательно, я существую, – изрек стюард и растаял в дверях.

Глава 38. Новые гости

Когда Мэгги очнулась в следующий раз, она почувствовала себя условно лучше. Если подробнее, неприятные симптомы практически исчезли, но все ощущения притупились. Мэгги, можно сказать, почти не чувствовала себя. Вокруг нее оказались нашитыми как бы невидимые упругие подушки. Вместо звуков окружающего мира Мэгги слышала тихий равномерный стрекот, типа нескольких кузнечиков. Мэгги сходила по стеночке в туалет, радуясь хоть такому возвращению в реальность, но потом устала, слегла – и картинка снова побежала в одну сторону, в то же время незаметно осекаясь и оставаясь на месте. «Совсем я стала плохая», – подумала Мэгги по-бабьи.

Она решила не доверять рецепторам и разработать методику отличия действительности от сна. После семиминутных раздумий она вывела следующее: сам по себе интерьер ее мало интересует, настоящий он или воображаемый. Люди же должны быть рассортированы по вероятности попадания в данный отель. Говоря проще, стюард, бармен, Майк с Катариной считаются настоящими, а остальные гости, особенно русские, – внутримозговыми.

Мэгги осталась довольна, если не восхищена своей логичностью и уснула с улыбкой на устах.

Она проснулась от громкого шепота, который, как известно, включает в нас допотопные механизмы тревоги и будит вернее крика.

– Как думаешь, она справится?

– В ней мало сора. Пламя только осветит ее.

Мэгги узнала голоса Майка и Катарины и, согласно своим принципам, вынуждена была признать, что их визит происходит в действительности.

– А что бы значила эта болезнь?

– А ничего. Человек он и есть человек. Постоянно барахлит.

– В пиковую минуту не время барахлить.

– В пиковую минуту она сработает.

Мэгги хотела вставить, что в пиковую минуту развалится в куски, но тут ее сморил тяжелый сон.

Следующий ее визитер был бесплотен откровенно и вызывающе. Сквозь него Мэгги видела даже узор на обоях, но нечетко, как сквозь дым от плохих папирос.

– *Убирайся из моей тачки,* – грубо сказал Давид Гуренко, потому что это был, конечно, он.

Мэгги обдумала длинный убедительный ответ, но ее язык отреагировал быстро и ясно:

– *Отвали, придурок.*

Давид почему-то ужасно обрадовался.

– *Смотри, до чего я дожил,* – обратился он к Мэгги вполне дружелюбно, как бы предлагая ей на время стать независимым свидетелем ситуации, – *какая-то сомнительная самка, явившаяся неизвестно откуда, уродует мой костюмчик, а потом, повиливая моей задницей, дрейфует вглубь материка. Не хватало еще, чтобы нас с тобой трахнул тупой американский лох.*

– *Обязательно устрою это специально ради тебя. А насчет костюмчика, так это еще глубокий вопрос, кто его изуродовал.*

– *Давай договоримся.*

– *Знаешь, мне практически не с кем договариваться.*

– *Как я ненавижу американское хамство! Пошути еще в голливудском ключе, типа –* ***ты выселен за неуплату*** *или* ***твой договор не продлен****. Господи! С кем* *я говорю?! Кому что-то доказываю?*

– Ну и отвали. Мне надо одеться, а я тебя стесняюсь.

– ***Ты****, сволочь такая,* ***меня стесняешься****?! Расскажи это своему психоаналитику, только захвати с собой смирительную рубашку. Ты понимаешь хоть, кто я и кто ты?*

– Конечно, Додик, дорогой.

– Ну.

– Я заслуженный федеральный агент, а ты – несущественный симптом моей легкой болезни.

От такой наглости Давид Гуренко разинул конус рта и постепенно втянулся туда, как дымок в форточку.

Глава 39. Смит, федеральный агент

За этим визитом последовал потный выздоровительный сон, а потом пробуждение посреди долгой ночи, практически в темноте. На стул возле постели Мэгги было что-то навалено. Мэгги потянулась и включила лампочку. Это что-то оказалось лысым мужчиной, почему-то сидевшим спиной. Потом Мэгги подумала о правилах игры в американский футбол. Потом снова заинтересовалась своим гостем – тот сидел, хоть и головой назад, но жилеткой и коленями вперед. Мэгги сперва решила, что это просто глюк, а потом присмотрелась к лысине и обнаружила на ней какие-никакие лицевые принадлежности.

– Смити! Иисус! Откуда ты здесь?

Смит кривовато усмехнулся.

– Два варианта, девушка моей мечты. То ли из Нью-Йорка, то ли из подсознания. Оставим этот щекотливый вопрос открытым. Если бы я был воображаемым Смитом и хотел казаться воображаемым Смитом, я бы, конечно, вывернулся наизнанку или размазался по потолку, чтобы это доказать. Но это, заметь, дорогая Мэгги, лишь один вариант из четырех. А доказывать свою подлинность – дерьмовое дело. У одной моей знакомой старушки на Пятьдесят Третьей жила белка в колесе. Так знаешь, Мэгги, эта белка за три года добросовестного бега не добралась даже до Пятьдесят Четвертой. Ты видишь?

Мэгги важно кивнула.

– Давай сделаем так, русская золотая рыбка. Я сообщу тебе некоторые сведения, а ты, в зависимости от кровяного давления в мозгу, посчитаешь их своим бредом или моим. А потом распишешься в получении – и я отвалю, а ты выспишься и встанешь, как авокадо.

– Смит, а можно один вопрос?

– Если насчет того, как ты выглядишь, то можно. Ты выглядишь превосходно. Болезнь добавила тебе романтичности. Румянец на твоих щеках подобен заре в последней рекламе стирального порошка, а это уж, поверь мне, отменно чистая заря. Твоя грудь... скажем больше – твои две груди...

– Смити, слегка не о том. Скажи откровенно, ты не русский агент?

Смит искренне рассмеялся и долго не мог успокоиться. Наконец слегка посерьезнел.

– Боже, какой идиотский вопрос. Ладно, изволь. Среди моих дальних-дальних этнических корней есть пара русских, причем настоящих славян, язычников. Так что с определенной точки зрения я русский агент, но русский и агент, дорогая Мэгги, отдельно. Твои восхитительные штирлицеподобные наблюдения о моей осведомленности в русско-советском фольклоре наводят тебя на мысль о том, что я жил в СССР. Конечно, жил, и там я звался Кузнецов, но, милая Мэгги, *в этот период* я уж точно был одноствольным агентом ЦРУ, наводящим мосты в ФБР. Приходилось ли мне получать деньги от русских ведомств? Да, и эти факты есть в моих отчетах. Служу ли я интересам России? Как знать, может быть, и служу, потому что эти интересы загадочны и непредсказуемы, как траектория блохи. Служу ли я примитивным и тупым интересам Америки? Да, если считаю нужным. Что тебя еще интересует? Предпочитаю ли я беляши гамбургерам?

– Не заводись, – кротко сказала Мэгги. – Я так, на всякий случай.

– Насчет меня все неоднозначно, а вот наш с тобой начальник Левинсон оказался русским агентом без оговорок и прочих кавычек. Он триумфально разоблачен не скажу (из скромности) кем, и все его приказы отменены. Тебя он вероломно отослал, потому что боялся, этакий подлец.

– Он сам не знал, зачем меня отсылает.

– И ты поверила дешевому спектаклю? Да это старый трюк номенклатуры, причем интернациональный. Он вручает тебе конверт и грудным голосом сообщает, что и сам не посвящен в детали...

да и смысл целого (тут Смит превосходно воспроизвел горестные интонации Левинсона). Ты, сочувствуя старому пердуну, шмыгаешь носом и вскрываешь этот конверт в потайном месте. Там написано: трижды в сутки, в оговоренное в специальной шифровке время, окунать собственный таз в металлический таз со слабым раствором марганцовки. Господи! (думаешь ты) бедный, бедный мой начальник! как, наверное, унизительно было ему читать такое важное и экстравагантное задание и ни слова в нем не понимать! Кто же, интересно, мог мне его поручить? А очевидный ответ – он только что и поручил – проходит мимо твоего хорошенького носика. И ты добросовестно макаешь таз в таз, а он в это время роется в твоей тумбочке. Ты видишь?

Мэгги кивнула. Она сформулировала про себя, что, не доверяя Смиту в целом, вполне верит ему в этой частности.

– Распишись, Мэгги, тут и тут. Так. Вот ведь дела! это вовсе не подпись Давида Гуренко. Ну ладно. Нет, ты погляди, и не похоже! Хорошо. В своем отчете я сумел героически обойти твою волшебную карту, так что она остается при тебе. Пока. Не забывай ее доить хотя бы по несколько раз в день, а то (общее лицо Смита выразило такую же общую гримасу смирения перед обстоятельствами) кто знает, кто знает...

– Смит, ты теперь на месте Левинсона?

– Никакого отдыха, сестренка. Затыкают нами все щели, именно так.

– Какое мне будет задание?

– А вот ты пока отдыхай. И помни: я тебя устроил на работу. Я теперь твой начальник. Настанет момент, я тебя призову – и ты мне подчинишься.

– Или не подчинюсь, – заметила Мэгги совсем без вызова, а в чисто предположительном ключе, как если бы речь шла о завтрашнем дожде.

– Или не подчинишься, – без обиды, в тон ей, можно сказать, весело ответил Смит и убрался в темноту.

Глава 40. Как хорошо выздороветь

К утру Мэгги выздоровела.

В ней всходила и распускалась, подобно цветку, простая радость жизни. Она стояла у окна и смотрела, как на бензоколонке ловко управляется какой-то мулат на деревянной ноге. Почувствовав восхищенное внимание, мулат встрепенулся, в два счета нашел глазами Мэгги и улыбнулся ей белоснежной пастью. Мэгги помахала ему в ответ ладошкой.

Солнце уже встало и оранжевым апельсином висело над приземистым зданием, вероятно, мэрии, или полицейского участка, или местного демократического райкома. На его крыше соседствовали грациозный флюгер в виде русалки и параболическая антенна.

На асфальтовой площадке трое разноцветных ребятишек на роликах гонялись друг за другом. Один катался много лучше двух своих товарищей и постоянно увиливал от них. Наконец, два неудачника столкнулись, свалились, и все трое залились дробно-рассыпчатым смехом, так, что и Мэгги довольно глупо захихикала. В эту секунду в ее дверь постучали.

– Заходите! – звонко крикнула Мэгги – и уже когда дверь наполовину отворилась, вспомнила: – только не смотрите на меня, я в ночной рубашке.

– Хорошо, – проворчал Майк, заходя первым, – скажешь, когда ее снимешь.

– Уф, Майки, когда ты прекратишь свои солдатские шутки? Ты не поверишь, девочка, до самой корейской войны он был стыдливее монахини. Однажды мы занимались геометрией, подул ветер, открылось окно, поднялся сквозняк, и выпал бюстгальтер, не подумай только, что из меня, – из моего шкафа. Так Майк покраснел от макушки до пяток, словно внутри него взорвалась банка томатов. Помнишь, Майк?

– Катарина, я не хотел тебе говорить, но когда ты в тот раз нагнулась за бюстгальтером, твое платье задралось, а подштанники оказались с вот такой дырой. Как мне было не покраснеть? Шестнадцатилетний балбес, начиненный гормонами по самую кепку, сидит в кресле, а перед ним этакая революция. Только не говори мне, что ты не знала про эту дыру. Это все равно, что русский географ не знал бы про Каспийское море.

– Майк! Я тебе клянусь Конституцией… посуди сам, зачем мне сейчас тебе врать? я не заметила этой дыры. Я догадываюсь, ее заметила мама и сменила мне подштанники на новые, а я и не заметила. Ты видишь, я тогда не очень-то интересовалась подштанниками.

– А чем же, леди, вы интересовались, позвольте узнать?

– Геометрией, – ответила Катарина, вскинув голову.

Майк вхолостую дернул челюстью, словно гордый ответ Катарины угодил ему в рот, и все трое рассмеялись.

– Ладно, моя девочка. Это было шестьдесят три года назад. Если найдешь в мировом континууме эти подштанники, можешь их заштопать.

– Удивительно, Мэгги, не то, что я помню какие-нибудь там тридцатые годы, а то, что я помню их с различной мелкой утварью, со всем этим планктоном времени, и чем дальше, тем отчетливее. А вот помру – и вместе со мной отойдет весь этот гигантский пазл. Это неясно: день за днем все больше и ярче, и вдруг...

– Никакой неясности, дряхлая моя киска. Все большим владеешь, и все меньше можешь перебросить за спину, живым. И смерть ничего не нарушает в этой позиции, а только закрепляет ее.

– Ты прав, – сказала Катарина после секундного раздумья.

Мэгги забыла, что она в ночной рубашке. Ей было покойно и хорошо со стариками, словно среде между вторником и четвергом.

– Давайте, – сказала она, – я закажу завтрак.

– Мы уже заказали, – ответил Майк, осторожно садясь в кресло. – Знаешь, девочка, у нас имеется для тебя предложение. Не то чтобы привлекательное или интересное, а так... довольно дерьмовое, но что-то подсказывает мне, что ты согласишься.

– Я слушаю.

– Насколько мы поняли, – продолжила Катарина так гладко, словно невидимый режиссер переключил камеру, – ты не спешишь. Итак, почему бы тебе не поработать у нас в магазине сувениров?

– А каковы условия? – спросила Мэгги, стараясь выглядеть американкой.

Старики переглянулись в своей синхронной манере.

– Вообще-то, – сказал Майк, – мы заключили из твоих слов, что ты не нуждаешься. Но пусть, так или иначе, эта сторона вопроса тебя не волнует. Ты видишь, – он как бы извинялся, – лет сорок назад мне несколько раз серьезно повезло на бирже...

– Не прибедняйся, – строго сказала Катарина. – Что значит *повезло*? Перед тобой, дочка, настоящая капиталистическая акула.

– С зубами на полке.

– Если только с запасными.

– В общем, у нас с Катариной много денег. Очень много. Мы ссудим тебе сколько хочешь, но пусть это будет отдельный вопрос. Наш магазин... он не совсем обычный. Ты увидишь. Там деньги играют очень маленькую роль. Итак, ты согласна?

– Да, – сказала Мэгги.

– Мы выезжаем после завтрака.

– Почему нет?

Часть пятая

НОВЫЙ ГРЕНОБЛЬ

Глава 41. Бес и Гари Резерфорд

– Уже на полпути к запруде Гарри Резерфорду удалось-таки быстро оглянуться, и он увидел беса. На сей раз бес был уже не с хомяка, а с хорошего кролика. Цвета он был серебристого, а передвигался на манер капли ртути. Гарри остановился и хорошенько обдумал положение дел. Бес отчего-то преследовал его, не пугаясь ни молитвы, ни креста. С другой стороны, этому бесу покамест не удалось проникнуть внутрь Гарри, и это вселяло надежду. Подумав еще пару минут, Гарри решил было пойти в церковь, но потом ему стало как-то неудобно тащить в церковь за собой этакую дрянь, и он вознамерился посетить кабак. Уж там-то, думал Гарри, бесу предоставится возможность пересесть на кого-нибудь, а может, и вселиться в чью-нибудь просторную и светлую душу с видом на райские кущи.

– Отменно идиотский план, Мак. Самый идиотский план изо всех, о которых я слышал, после быстрой войны в Персидском заливе.

– Согласен, Джимми. Но, видишь ли, бес слегка помутил сознание Гарри, и ему этот план представлялся вполне образцовым. Он добежал до кабака, словно дорога шла под гору, вошел, не прикрыв за собой дверь, как бы приглашая за собой беса, рассчитывая им заразить какого-нибудь пьянчужку, как, прости Господи, ветряной оспой.

– Не говори, Мак. У меня брат хворал ветряной оспой, и у него с тех пор на роже остались рытвины величиной с лунные цирки. Если он чешет свою морду пальцем, палец то и дело застревает в этих дырах по третью фалангу.

– Гарри вошел в кабак, тут его внезапно оставили силы и он плюхнулся на стул. Бес, практически не таясь, свернулся под соседним стулом, как голая собака. Пара стаканов, Гарри смотрит под стул, а там уже обычная собака, только больно черная. Как прачка Нэнси с фермы Гибсонов, видели ее, ребята? Не просто черная, а чернее беззвездной ночи. Черная, как самая сердцевина черной дыры, как кокон мрака и тьмы.

– Иисус! И как смотрела эта собака?

– Билл, ты просто исторический гений. Гарри изо всех своих пьяных сил заглянул в глаза этой чертовой собаке, как соседке под юбку. И, ты представляешь, глаза у нее были печальные-печальные, и она повиливала хвостом. Гарри выпил еще немножко и тоже погрустнел. Он подумал: бедный, бедный бес! никто не любит его, все отгоняют, как говенную муху от именинного торта, а ведь и у него есть разум и какая-никакая душа, а вся его вина в том, что его начальник миллиард лет назад усомнился на секунду. А что если проявить по отношению к этому забытому Богом созданию толику добра, как и ко всякой твари? Что если и он не окончательно потерян для ласки и любви?

– Противные мысли, Мак! Клянусь своей левой ногой, которая уже проросла в Корее каким-то азиатским растением, противные мысли. Они так отвратительно логичны, что голова начинает кивать сама собой, словно в шею вправлен метроном. Но это нельзя, нельзя, грешно так думать про беса.

– Браво, Скотти! Ведь это бес втирался в сердце Гарри Резерфорда. Еще пара кружек, он смотрит, а ведь и не так черна эта собака! у нее на лбу белое пятно в форме Давидовой звезды, и на лапах белые овалы, да и хвост, прости Господи, белее снега. Гарри только не мог разобрать своими осовевшими зенками, стоят у собачки ушки или прижаты, а ведь уши были прижаты, а торчали небольшие рога. А посетители кабака шныряли туда и сюда, гладили этого богомерзкого пса, чесали его за ухом, и все уносили на себе – кто шерстинку, а кто пылинку, потому что бес не материален, это только его прикрытие, типа легенды для шпиона, бес есть чистый дух, а его сколько ни черпай, меньше не станет. Как, например, приехала в деревню цистерна с пивом, и тетушка Сьюзи заорала во всю свою утробу: ХОЛОДНОЕ ПИВО! Сразу пятьдесят человек обогатились этим знанием, да только у нее его не убавилось.

– Не надо, Мак, про холодное пиво. Давай дальше про этого искусного беса. Пока у него все идет по плану.

– Не то слово, Тревор. У него идут дела, как у тетушки Сьюзи в жаркий день зарплаты на заводе Эванса, когда работяги выстраиваются в очередь за кружечкой холодного пивка, и у каждого в пасти горькая слюна чуть смазывает небо, а впереди плещется пиво в чужих кружках, как озеро в пустынном мираже.

– Ну вот ты снова свернул на пиво. Учти, Мак, если у меня накопится в пасти слюна, я ее долго беречь не стану. Давай вали про беса.

– Гарри улакался до того, что слил в свою кружку опивки с трех соседних столов, а в этом кабаке, надо заметить, все пили немножко разные напитки. В итоге получилась жидкость мутная, склизкая и с запахом, как лужа на скотном дворе. Но нашему герою Гарри именно этого и надо было. В его мозгу, таком же вонючем, мутном и склизком, это был коктейль из нектара и амброзии, поданный непосредственно в чаше Грааля. И когда Гарри метнул в себя этот нектар, его усталость как рукой сняло, а все члены налились прытью и силой. Он смотрит – а собачки-то и нет. За соседним столом сидит юная мисс, вероятно, поджидает дружка. Симпатичная, кстати, девчонка, с этаким длинным носиком, только... Гарри мысленно подобрал слова... что-то в ее лице собачье. Присмотрелся – нет, нормальное лицо.

– Это не девчонка, Мак. Клянусь военным флотом США, это бес! Экая гадость!

– Гарри спрашивает у девчонки:

Глава 42. Дьявол хитер

– Извините, мэм, вы не замечали тут моей собачки?

Девчонка улыбается ему игриво и говорит:

– А это была ваша собачка?

– Еще бы нет! Я ее вырастил из вот такой вот фиговинки. Я был ей типа отца. Она всем мне обязана.

– Неблагодарное животное. Она ушла с джентльменом из Техаса, которого вынесли три его товарища.

– Ай-ай, какая неприятность!

Гарри шутил таким образом и ощущал себя хитрым, как сам сатана.

– Не знаю, – говорит тут девушка и поджимает свои хорошенькие губки. – Не знаю, не знаю...

– Тут нет большой беды, мэм. Знание никому еще не приносило счастья. Но все-таки давайте рискнем, вдруг я знаю то, чего вы не знаете.

– Не знаю, могу ли я вам доверять. Могу ли я довериться вашей порядочности.

– Если позволите, мэм, я увильну от прямого ответа, а вместо него расскажу вам одну историю, а вы уж рассудите сами, можно ли мне доверять. В шестьдесят шестом году скоропостижно околел мой кот. Но природа не терпит пустоты, и поэтому в моем сарае поселилось семейство мышей. Это были добропорядочные протестантские мыши, но естественный отбор наградил их челюстями специфической формы, так что эти твари вынуждены были постоянно что-нибудь грызть. И вот, в числе этого чего-нибудь одной из мышей попалась подкладка моей черной кожаной куртки, точнее даже, карман. И она оформила в этом кармане чудесную дыру размером с горловину свитера. Вы следите, мэм, за моей мыслью?

– О да!

– И в один прекрасный день, ближе к вечеру, я поднял собственную задницу вон с той скамьи, подошел к Майку Грогану, чтобы расплатиться за пиво, сунул руку в карман и добрался до ботинка, а если бы тянул руку дальше, добрался бы до люстры или дальней полки, но это не принесло бы мне удачи, потому что мои зеленые друзья провалились в дыру. Я открыл было рот, чтобы посвятить Майка Грогана в эти горестные последствия смерти моего кота, как вдруг один джентльмен в щегольском костюме осмотрел меня и говорит:

– Я вижу, вы человек позитивный и порядочный. Если вы считаете, что я дешево ценю собственную интуицию, то вы плохо меня знаете. Я ценю ее ровно в стоимость вашей выпивки (тут он в мгновение ока заплатил за меня, так что мы с Майком не успели и нюхнуть эти доллары) и, говоря по правде, не нуждаюсь в возврате. Но если я в вас не ошибся, то вы вернете мне долг.

– Но где я могу вас найти?

– Я тороплюсь, я очень, очень спешу. Вероятно, через неделю меня увидят в Сантьяго-де-Чили.

И он уже вписывался в дверной проем, когда я крикнул ему:

– Имя! Скажите ваше имя!

И тьма за дверьми отвечала мне:

– Блэк.

Вернувшись домой, я запечатал три с половиной доллара в конверт и послал мистеру Блэку на адрес главного почтамта в Сантьяго-де Чили заказным письмом. И примерно через полмесяца получил в ответ казенную отписку, что мистер Блэк убыл в предместья Мадрида, и свои три с половиной доллара. Я не буду утомлять вас географией, мэм. Скажу только, что с тех пор вот уже восемь лет раз или два в месяц я швыряю эти три с половиной доллара в очередную точку глобуса, но он вертится, и проклятые деньги возвращаются ко мне, как басурманский бумеранг. На одни почтовые расходы у меня ушло несколько сотен, но я не оставляю надежд укрепить в мистере Блэке веру в человечество и собственную интуицию. А теперь я не скажу ни слова, а вы судите сами, порядочный я человек или нет и можно ли мне доверять. Дела выше слов. Поэтому я молчу.

– Не знаю, не знаю, – отвечает ему девушка. – Отчего-то мне хочется вам верить. – Она заговорщически приманила его ладошкой и продолжала вполголоса. – Меня вот уже полгода мучает ревматизм... ну, не то чтобы всерьез, но закинуть руку за спину я не могу, потому что мне больно...

– Вам следовало начать с этого, мэм. Не двигайтесь с места, и я принесу вам флакон пантерьего жира.

– В этом нет нужды. Может быть, потом. Дело мое весьма деликатно, и если вы меня еще раз перебьете, сомневаюсь, что я решусь вам его доверить.

– Я внимателен и молчалив, как локатор.

– У меня расстегнулась пуговка сзади на бюстгальтере. Я говорила маме, что петелька шире, чем следует, но разве она меня послушает?

Гарри Резерфорд, боясь перебить девушку, только покачал головой с выражением космической скорби на своем круглом лице.

– Если бы здесь были женщины, я нипочем бы к вам не обратилась. Странно, почему женщины не заходят сюда за молочным коктейлем...

Гарри пожал плечами и выпучил глаза, как бы поражаясь: странно!..

– Я сейчас выйду отсюда и пойду прямо по дорожке, а шагов через пятьдесят сверну в кусты. А вы спокойно так допивайте то, что вы тут пьете, а потом, минут через десять потянитесь и скажите: *домой что ли пойти*. Запомнили эти слова?

Гарри кивнул с самым деловым и сосредоточенным видом.

– А потом выходите не спеша, чтобы ничей испорченный ум не связал вас со мной, потому что мама учила меня заботиться о своей репутации. А шагов через пятьдесят свернете в кусты и поможете мне просунуть пуговку в петельку. Идет?

– Да! – заорал Гарри не в силах сдержаться, да так, что бармен выронил графин.

– Ваша горячность говорит в вашу пользу. Вы ведь не воспользуетесь моим бедственным положением? этой пуговкой? этим приступом ревматизма? Вы ведь, подойдя сзади, не положите мне ладони на груди так, что у меня перехватит дыхание? Не подсечете затем рукой мои слабые колени, не схватите мое легкое и теплое тело, не отнесете его на постеленную рядом куртку? Не нанесете на мое тело курсив беглых поцелуев, подбираясь к животу? Не стянете с меня трусики... ох и слабая же на них резинка! Не загоните в меня этот свой ужасный пест, похожий на тот, которым Эмили орудует на кухне? Предупреждаю, если вы так поступите, я до смерти удивлюсь, потому что я девушка и ни о чем таком и слыхом не слыхивала.

– Нет! – хрипит Гарри. – Я, мэм, половины слов не понял из того, что вы наговорили.

– Вот и чудно.

И эта девушка кратко пожимает большой палец Гарри своей горячей ладошкой – и отваливает во тьму, как мистер Блэк восемь лет назад...

Глава 43. Нельзя недооценивать дьявола

– Мак! Попомни мои слова, этот мистер Блэк вовсе не мистер Блэк. Не будь я Тревор Каннингем.

– Заткнись, Тревор. Вечно ты влезешь на самом интересном месте. Мистер Блэк давным-давно где-нибудь в Антарктиде, кто бы он ни был.

– Не-ет, браток. Кабы так. Нет, попомни мои слова.

– Я могу продолжать, или джентльмены нуждаются в перерыве?

– Давай! Валяй! Гони!

– Следующие десять минут оказались самыми долгими в жизни Гарри Резерфорда. Он трижды сосчитал собственные пальцы, причем каждый раз у него получалось новое число. Он восемь раз чуть не кончил в подштанники, но все восемь раз ускользнул от этого позорного финала тем, что вспоминал лицо своего завуча в воскресной школе. Видите ли, господа, лицо этой почтенной донны убивало всякое половое желание так же верно, как ядерный взрыв зазевавшегося хорька. Он даже было вздремнул, но увидел такое, что проснулся с воплем через пару секунд.

Когда по внутренним часам Гарри прошло около месяца, он посчитал, что пора идти. Он встал и заорал: **ДОМОЙ ЧТО ЛИ ПОЙТИ!** – да так, что бармен вылил на себя ведерко с кетчупом. И тут же Гарри кинулся во тьму, как поезд в тоннель. А прошло-то всего четыре минуты.

– Дьявол силен.

– Это правда, Билл. Но истина выше правды и сильнее дьявола. Свет истины рассеет тьму, Билл.

– Это так, Мак, но неуютно во тьме, пока свет ее не рассеял.

– Я согласен с тобой. Но вряд ли с тобой согласился бы Гарри Резерфорд.

Он пронесся по тропинке, едва касаясь ногами земли и остановился лишь оттого, что далеко сзади услышал что-то вроде стона: *Гарри! Гарри!* Он сделал дугу, ширине которой позавидовала бы комета средней руки, и вернулся. Что же он видит?!

Его девушка стоит в пяти шагах от кабака на самом плешивом месте во всей округе, облитая мягким светом из окна, платье ее снято, вероятно, чтобы Гарри было удобнее работать, сзади пуговка и впрямь выскочила из петельки, но спереди девушка поддерживает чашечки бюстгальтера обеими руками, а глаза ее широки и невинны, как душа праведника. Но ниже бюстгальтера на ней ничего нет, потому что резинка на трусиках оказалась предательски слабой, и эта девушка делает шаг навстречу онемевшему Гарри и оказывается в его объятиях.

– Спаси Господи! Бедняга Гарри! Ведь она сейчас может потечь каким-нибудь мазутом или обратиться в скорпиона! Он ведь уже поддался злу, его уже не выручить. Давай, Мак, излагай концовку короче и суше, а то как бы ты невольно не искусил и нас тоже. Уж больно ловок этот бес. Сейчас и не вспомнишь, что он начинал с хомяка.

– Легче, Джим! Ты сейчас впал в грех недоверия. Ты пожертвовал Гарри бесу, потому что потерял надежду, а мыслимо ли доброму христианину терять надежду? А, Джимми? Что бы ты сказал, если бы твоя жена Маргарет, мир ее праху, потеряла бы надежду, когда ты путал руки с ногами и на всякий случай ползал на четвереньках в поисках хоть капли виски? Подумай, подумай, Джим Балтер!

– Забудь о Джиме, Мак. Ближе к бесу и Гарри Резерфорду.

– О'кей. Гарри уже сомкнул было объятия на спине этой, с позволения сказать, девушки, как вдруг в небе полыхнула зарница. Тихое мгновенное сияние, озарение природы, и оно осветило сознание Гарри так же верно, как близстоящие кусты.

Глава 44. Никто не потерян

Он вспомнил, что девушка была похожа на собаку. Он рассудил, что больно она бела. Он, наконец, вспомнил, как она звала его *Гарри! Гарри!* – а ведь он не называл ей своего имени. Да и все ее поведение показалось ему на сей раз сомнительным.

Весь хмель Гарри улетучился. Он стоит трезвый и здравый, как Пентагон...

– Возьми назад это свое сравнение.

– Хорошо, Скотти. Он стоит трезвый и здравый, как Комитет Защиты Мира, и думает, как бы грациознее сделать ноги. Но девушка ощущает падение интереса к себе и просит:

– Обними меня, Гарри, мне холодно. Поцелуй меня, мне страшно.

– Сейчас, красавица, я согрею тебя.

С этими словами Гарри Резерфорд вынимает из кармана крест – у него, помимо нательного креста был еще старый оловянный крестик в кармане – и прислоняет его к ключице своей партнерши. И что же?! та вопит диким голосом, причем вопль начинается на каких-то сопрано, но почти сразу переходит в серьезный бас, примерно как гудок паровоза в Канзас-Сити.

И тут девушка отталкивает нашего Гарри так, что он летит через тропинку, как плевок, и падает в куст терновника. И оттуда видит, как девушка не спеша подходит к нему, но что-то в ней изменилось. И с ужасом понимает, что девчонка стала выше на голову или две и так хороша собой, что все эти бабенции на обложках глянцевых журналов в сравнении с ней просто драные швабры.

И эта супервумен обращается не к Гарри, а непосредственно к его детородному члену:

– Вылезай! Позабавь меня!

И Гарри с ужасом ощущает, как его член, вроде бы только что притихший и повисший, крепнет и тянется, разрывая ткань его штанов, как акула ветхие сети.

– Что возьмешь с члена, Мак? Головка есть, да мозгов немного.

– А между тем я знал мужика, который сорок лет жил на поводу у собственного конца. Он, можно сказать, стал его придатком, только и всего. Его звали Сид О'Райен, и еще с двенадцати лет...

– Боже, Тревор, заткнись! Неужели тебе не хочется знать, как спасся Гарри Резерфорд – или как он погиб, если Господь допустил такое?

– Кто внимательно меня слушал, догадается, о чем вспомнил Гарри.

– О завуче в воскресной школе.

– Именно. И пошла борьба. Бес в образе прекрасной самки выманивает член наружу, а образ завуча загоняет его назад. И завуч оказался сильнее, а Гарри, обессиленный, повалился на траву. Бес присел рядом с ним, как ни в чем не бывало, и говорит:

– Что ж, Гарри, ты хитрее меня. Поцелуемся на прощание, и я пойду искать душу посговорчивее твоей.

– Изыди!

– Хорошо. Распишись только тут.

– Нигде не буду расписываться.

– Тогда хоть прочти.

«Ну, в этом-то, – подумал Гарри, – не будет беды». И читает: *Ваш долг доставлен.* Подымает глаза и видит: эта голая верзила подает неизвестно откуда взявшийся конверт кому-то в костюме, а достает этому кому-то до плеча. «Вот дела, – думает Гарри, – в девчонке не меньше семи футов, сколько же в мужике?» Словом, перед Гарри высится такой гигант, что пасует всякая арифметика. Но Гарри ободряет себя тем соображением, что всякая материя бесовских сил условна и вымышлена. И мистер Блэк (а ведь это был он) обращается к Резерфорду самым дружеским образом.

Глава 45. Гари и мистер Блэк

– Подавился, Билли? Не усидел мистер Блэк в Антарктиде?

– Подавился, Тревор. Дай дослушать.

– *Ты порадовал меня, Гарри!* – говорит мистер Блэк, а голос его звучит так, словно ветер гуляет в ольшанике, пугая ворон и несясь плавным эхом: *Гарри... Гарри...*

– Я вернул долг, только и всего! – кричит Гарри в ответ, да только ветер обращает его слова в писк полевки и относит куда-то к Арканзасу. Но Гарри-то знает, что надо стоять на своем.

– *Ты мой лучший друг, Гарри Резерфорд! Позволь в знак расположения показать тебе эту уютную планету, потому что я тут хозяин!*

Гарри пытается сцепить пальцы крестом, но его пальцы скрючиваются в какие-то каббалистические закорючки, и диавол лишь осанистее выглядит сквозь эти прогалы.

– Тут хозяин Господь!

– *Кто?*

– Господь!

– *Кто?!..*

Так издевался сатана над несчастным пьянчугой, делая вид, что не слышит Имени Господа. Но легкомысленный черт зря дразнил человека, пусть не идеального, но еще не павшего и сохранившего образ Иисуса в душе, потому что с каждым произнесением Божьего Имени враг нашего рода меркнул и слабел, подобно пожару под струями воды. И тут земля затряслась, и наш Гарри потерял сознание, а очнулся утром, а рядом лежит его замызганный конверт, а в нем – вы думаете, джентльмены, в нем три с половиной доллара? плохо же вы знаете сатану – в нем тысячи и тысячи зеленых друзей человека, свежих, как утренняя роса, хрустящих, как тонкий сушняк в лесу. У конверта открывается утроба, как у вулкана, а все жерло забито долларами, они так и прут из этого конверта, как пена из горлышка бутылки с шампанским. Вот сколько их там было: *легион.* И Гарри взял конверт в ладонь, и отшвырнул от себя футов на пятнадцать, и повалился на землю, закрыв руками уши, словно ожидал взрыва. Но услышал не взрыв, а вроде как чавканье, поднялся на локте, и увидел, как его чертов конверт тонет в болоте, а болото мгновенно высыхает.

– Иисус! Расскажи получше, дружище Мак, где возникло это временно действующее болото. Я на всякий случай буду обходить его стороной.

– Я тебе начерчу схему, Джимми.

– Черт с этим чертовым болотом. Так чем же все кончилось?

– Скотти, этим практически и кончилось. Гарри одолел сатану, если не нокаутом, то по очкам. С этой поры, правда, он слегка заикался, прихрамывал на правую ногу, вроде как припадал, терпеть не мог денег, ненавидел собак, да, по правде говоря, и с женщинами у него пошли дела не ахти. Зато он завел кота вдвое толще прежнего и священник Тафт Лоуделл время от времени приглашал его на проповедь в качестве наглядного пособия. Да еще...

– Ясно, Мак. Все ясно. Жаль, что ты не начал с этого.

– Но с чего, Билли?

– С его импотенции, если говорить прямо. Каждый импотент тебе расскажет такую историю своей импотенции, что ты забудешь, как выглядит пицца. Если эти истории сложить в один талмуд, то получится энциклопедия подвигов. Битва Резерфорда с бесом потянет там на семьдесят восьмую главу.

– Не скажи, Билли. Не скажи. Лично я прямо-таки узнал в этой истории сатану.

– А я скажу больше: я узнал в ней женщину. В естестве каждой женщины есть нечто искусительное, а говоря прямо, нечто дьявольское. И половина мужского мозга ищет женщину, в которой мало или вовсе нет этого нечистого замеса, а другая половина начинает кукситься и бастовать. В итоге рвутся сосудики в мозгу, и мужик лишь невнятно ревет, как корова на дойке, на половине рожи у него наступает стоп-кадр, а ноги отказываются ходить. А женщине только этого и надо.

– Чудесный гешефт, Тревор. Выносить дерьмо из-под полудохлой коровы. Ради этого стоило мочалить свое естество.

– Это звучит убедительно, а то, что сказал я, звучит глупо и смешно, но прав-то я, а не ты, потому что мир устроен глупо и смешно, а вовсе не убедительно.

– Ой.

– Вот тебе и ой.

Глава 46. Работа на лесопилке погожим вечером

– Ну что, может, подтащим это бревно к пиле?

– Гори оно огнем, Билли. Я прочитал в одной книжке, что высшей человеческой ценностью является живое общение. Если бы высшей ценностью являлось распиленное бревно, вся история шла бы иначе.

– Скажите лучше, пойдете вы сегодня к Гринвудам варить пунш?

– Почему нет, Тревор? Я не вижу ни одного аргумента, почему бы не пойти к Гринвудам варить пунш. Тем более, мне надо расспросить старика Майка о корейской кампании.

– А я посудачу с миссис Катариной о лимонном пироге. Что-то она туда кладет этакое... оно добавляет во вкус ощущение полета, если вы понимаете, что я хочу сказать.

– А я ущипну за задницу эту их дебютантку... Мак, ты у нас интеллектуал, как ее зовут?

– Мэгги.

– Уж не говоря о самом пунше. У меня есть небольшая заначка для него, не просите только меня огласить ее. Скажу больше, я ее вам и не покажу, просто подсыплю в котел.

– Помет бешеного сурка.

– Не угадал, браток.

– Я догадываюсь, тетушка Катарина не позволит тебе пойти в темную. Уж ей тебе придется предъявить свою заначку и разъяснить в ней каждую молекулу в самом подробном ключе.

– Ей – пожалуй. Но не вам.

– У моего кузена на ферме был козел, который так же высоко задирал свой нос, и эта привычка дорого ему обошлась. Видите ли, ребята, там была загородка под небольшим током, так, для лучшего понимания вещей. И вот, этот козел, глядя в облака, приближается к изгороди...

– Ясно, Джим. Наш старина Тревор все-таки не такой козел. А скажите вместо этого, приходилось ли вам пробовать вяленую козлятину?

– Мне приходилось жрать мясо удава.

– А я скажу вам вот что: и козел кузена Джимми не такой козел. Иногда не мешает посмотреть в облака.

И Мак, клянусь Конгрессом, был прав! Облака выдались на небе бело-фиолетовые, с ярко выраженными выпуклостями и тенями, словно подушки в рекламном проспекте. Эти подушки быстро-быстро уплывали в сторону Массачусетса; их скорость становилась особенно заметна, если смотреть на верхушку одинокой сосны ярдах в пятидесяти отсюда.

Пахло свежей смолой и свежим грозовым ветром. Солнце, бившее почти горизонтально, так ярко освещало кучи опилок, что, казалось, они вот-вот вспыхнут от этого света.

На порыжевшей траве лежали сосновые бревна с немного однообразным узором коры. Алмазным блеском светили металлические пилы.

Философской и немного печальной была жизнь одинокой сосны возле лесопилки. То и дело мимо нее везли на бодро рычащих уродливых машинах ее убитых сестер, но ее не касалось лезвие смерти, потому что она оживляла ландшафт. На ней отдыхал глаз древесных мясников.

Она упиралась острой кроной в небо и царапала облака, не оставляя на них, впрочем, следа, поскольку эти облака состояли лишь из воздуха и пара, да, сэр, из пара и воздуха, и материальность их была почти иллюзорной. И Господь...

Глава 47. Гость

– Бог в помощь, ребята! Пилить вам не перепилить!

Пятеро пильщиков переполошились, словно застигнутые роком.

– Удачи и вам, сэр, – аккуратно ответил Мак за всех, – доброй вам дороги.

– Выйду я так к магазинчику Гринвудов?

– Самым недвусмысленным образом, сэр. Вы идете так верно, что войдете в дверь, проскользнете между боковыми прилавками и упретесь прямо в пузо старика Гринвуда.

– Тогда я, пожалуй, сверну на полградуса. Такая точность прилична пуле, для человека она избыточна.

– Не скажите, сэр. Я знал одного деда, который с десяти шагов плевался жвачкой в дверные глазки. У него не было зубов, а губы вытягивались на три дюйма.

– Если пошла об этом речь, я знал одного лысого умельца, который специфическим свистом лишал летучих мышей ориентации, и они стукались обо все подряд. Трудно в этом мире тем, кто лишен ориентации.

– Ваша правда, сэр. Это тоже история о точности?

– Точно, сынок. Тут нужна большая точность в частоте звука. Ну, счастливо пилить!

– Счастливо дойти.

– Фух. Ты не поверишь, Мак, я подумал было, что это мистер Блэк вернулся в наши края.

– Скажешь тоже, Тревор. Ничего общего. Ты цыпленка за фокстерьера не принимаешь?

– Внешность врага условна.

– Скажешь тоже. Человек как человек. Турист.

– А почему ты, Мак, не намекнул ему о пунше?

– Потому что я не уверен, звали ли его старики на пунш. Ты слыхал, Джимми, о слове *деликатность*? Загляни на досуге в словарь.

– А откуда он подошел?

– Он стоял вот тут. Стало быть, если он не перепрыгивал через нас, то подошел вон оттуда.

– Иисус! Но мы туда смотрели.

– Не гони мистику, Тревор. Мы смотрели вверх, как подсолнухи. Слушай, тебе вредно слушать страшные истории. Как твой ночной горшок, на ходу?

– Попомни мои слова...

– Ладно тебе, отец. Кончай гнать.

– А вы разглядели его лицо?

– Да какое там лицо! К тому же против света.

– Против света, Билл? Не тут-то было. Встань-ка сюда.

...

– Да... Билл, вот у тебя есть лицо.

– Каждый чирей на свету.

– Турист был на полголовы ниже...

– Присядь чуток, Билли.

– Да...

– Что-то тут нечисто, попомните мои слова.

Дул такой ветер, что он выдувал из мозга всяческое желание что-то пилить; я догадываюсь, вы все знаете этот ветер, хотя ему нет имени в энциклопедии. Сосна лениво теребила свою крону, словно хасидский еврей – бороду. Если учесть, что ветер дул в свое свободное время и куда хотел, то изо всех действующих лиц нашей мизансцены лишь планета Земля добросовестно исполняла трудовое соглашение, то есть, довольно шустро летела вокруг Солнца, попутно вращаясь вокруг собственной оси. Если эта работа представляется вам синекурой, попробуйте таким образом обежать хотя бы вокруг сарая. Итак, доля соседа всегда кажется нам легче и слаще нашей, но посудите сами, так ли это в действительности, тем более, что и вы приходитесь соседом своему соседу. Пока мы с вами обдумываем это, на Новый Гренобль спустился ранний голубой вечер. И если бы Всевидящее Око не только все видело, но и на все смотрело, Оно бы заметило на желтоватой дороге пять фигурок, бредущих от лесопилки к городу.

Первым шел речистый Мак Бишоп, чьи ноги не уступали в неутомимости языку. Щегольская фуфайка с бантом наводила на мысль, что он с самого утра не только помнил о пунше у Гринвудов, но и догадывался, что ему не придется пилить. Вторым бодро шагал Скотти О'Хейли – и вы бы нипочем не заподозрили, что в его левой штанине – деревянная нога, мастерски выточенная и отполированная, с каллиграфической надписью *Дорогому Скотти от сослуживцев на память о родной ноге, оставшейся в Корее.* Третьим суетливо ковылял старикан Тревор Каннингем, что-то бормоча себе под нос. Замыкали процессию братья Балтеры, Билли и Джимми, живцы лет пятидесяти, которых молва упорно величала близнецами, хотя Джимми был саркастичнее и толще. Билли и Джимми по своему обычаю на ходу играли в различные игры на щелбаны, а когда их фантазия иссякала, пробивали их просто так, по очереди и от души.

Идти было недалеко, но и темнело быстро, и когда друзья добрались до магазинчика, над ними висел синий бархат небес с бриллиантовыми запонками звезд, как бы слегка спрыснутый свежайшим дезодорантом. Картину слегка портила чересчур большая и отвратительно белая луна немного неправильной формы, вся в рытвинах, словно от ветряной оспы. Небеса пытались припудрить эту неприглядную луну перистыми облаками, но получалось это с трудом.

Глава 48. Метафизика варки пунша

Старина Майк Гринвуд стоял в световой трапеции перед дверьми своего магазинчика, доверчиво выпятив брюхо навстречу выходящим из тьмы гостям. На его губах играла улыбка, как блик на стене, вроде бы одна на всех, а вроде бы каждому персональная.

– Прекрасный вечер, Мак! За тобой три истории: о богатом студенте, чудесном спасении капеллана и о лесном санатории. Да, сэр, может быть, я не помню номера своей кредитки, но твои истории оседают в моем мозгу навсегда.

– Майк, если увидишь, что я бегу с ведром воды заливать собственную горящую задницу, даже в эту пиковую минуту можешь остановить меня, и я тебе расскажу все эти три истории, не упуская ни слова, если только пламя не доберется до языка. Я скажу тебе больше: если тебе удастся угодить в рай, внеси там меня с лютней в список личных привилегий, и я целую вечность буду плести тебе истории.

– Услуга за услугу – если ты окажешься там первым, намекни о благодарной аудитории. Салют, Скотти! Как нога?

– Которая из трех, Майки?

– На твой выбор. Какой не терпится рассказать о себе.

– От моей путешественницы давно не было весточек, если не считать одного сна. Представляешь, мне приснилось, что она играет в сокер за сборную Северной Кореи.

– Непатриотический жест.

– С другой стороны, ей не с чего быть патриоткой, Майк. Если ты не против, мою деревянную ногу потянуло вон к тому стулу. Видимо, они вместе выросли.

– Уверен. Тревор! Все ли идет хорошо?

– Так однажды спросил шахматист у своего партнера, ставя ему мат. Я хочу сказать, что все зависит от точки зрения. Для навозного жука, например, вовсе неплохо вляпаться в дерьмо.

– Я вижу, ты чем-то озабочен. Поговорим через сорок минут всерьез, о'кей? Билли и Джимми! Говорите как на духу: удалось вам сегодня хоть что-нибудь распилить?

– Мы по случаю варки пунша объявили бревнам амнистию. Как там, кстати, процесс?

– Как обычно: основа готова, а штрихи наносятся коллегиально.

– Тревор туда не проскочил?

– Только что.

В задней комнате стоял огромный медный котел, специально заказанный Гринвудами на одном из военных заводов в Новой Луизиане. Элиза Хэмпшир, дюжая цветная молодуха в белом накрахмаленном чепчике, помешивала содержимое котла гигантской деревянной ложкой.

– Так, так, Элиза. Представь себе, что гребешь на каноэ вокруг маленького островка. Так, так.

– Катарина! Я сыплю!

– Сыпь, Клаудиа.

– Имбирь. Корица. Ваниль. Цедра.

– Стоп! Какая именно цедра, Клаудиа?

– Я догадываюсь, тут не написано.

– Так попробуй на зуб, хорек тебе в курятник! Ведь если это морковная цедра, в пунше она помолодеет и вспомнит о том, что она морковь, хорошо если ботвы не вырастит.

– Апельсин. Кажется.

– Видишь ли, Клаудиа, казаться должно после приема пунша, а не при его варке. Дай-ка. Конечно, это апельсин. Двадцать лет назад я определила бы его сорт. Тревор, давай свой узелок, не стой там, как застенчивый коп, который пришел всех арестовать, но слов не находит. Что там у тебя?

– Катарина, мысленно вспорхни на пару футов и взгляни на мир шире. Это лесные травы: майоран, базилика и цветы вереска.

– Швыряй немедленно! Это будет гвоздем всего напитка.

Тревор Каннингем медленно повернулся к близнецам Балтерам и одарил их таким взглядом, что будь у них хоть одно зернышко совести на двоих, от них бы и пепла не осталось. А так они лишь ухмыльнулись довольно одинаково.

– А ты слышал историю, Билли, про неудачника из Индианы, который варил пунш с семенами тыквы?

– Еще бы, Джимми. Это тот, который спьяну ел землю, когда клялся? И вот однажды семечко в его пузе попало на горстку земли и прекрасно проросло. Не прошло и месяца, как этому придурку разнесло бок так, что он занимал два места в автомобиле. Хирург разрезает его, а там – первосортная тыква. Хирург ее извлек и сам себя отправил к психиатру, который мочалил его битый час, пока не догадался взглянуть на тыкву и освидетельствовать ее.

– Ну и как тыква, Билли? Она-то хоть оказалась нормальной?

– К сожалению, нет. От жизни в утробе этого стихийного ботаника у нее развилась агорафобия, и ее пришлось заколоть. Из нее сварили кашу с пшенкой и подали в бесплатное отделение. А, Тревор! Я слышал, майорану и земли не надо, чтобы прорасти. Достаточно влажной среды.

– Например, смоченного пуншем брюха.

– Например. Что скажешь, Тревор?

– У меня нет охоты трепаться попусту.

– А если бы была, что бы сказал?

– Что многое прекрасно произрастает в дерьме. Кроме светлых мыслей и благих речей.

– О! О! Джимми! быстрее запиши эти слова!

– Они не портятся, Уильям Балтер. Не торопись так. Один страховой агент из Цинциннатти так спешил оформить одного банкира, что напоролся на собственную перьевую ручку и умер в страшных мучениях. Он истек кровью, смешанной с чернилами. Но хуже всего оказалось то, что он намухлевал с договором, и на том свете ему пришлось писать объяснительную длиной в милю. И представляешь, Билли Балтер, он писал ее собственной синей кровью на гигантском саване, похожем на снежное поле. Удивительно, что даже этот оборот дел ничему не научил бывшего страхового агента, и он в спешке допустил три помарки.

– И его, конечно, заставили переписывать.

– Это не то слово, дружище Билл. Щадя твой сон, я не скажу тебе, *сколько раз* ему пришлось переписывать. Скажу только, что он измарал собой территорию, равную двум Бельгиям.

– Ну, это сравнительно небольшая страна.

– Тогда поторопись, Билли. Ты, я вижу, позавидовал его карьере.

Билли и тут нашелся с ответом, но к нему подошла Катарина.

– Билли! Твоя трубка при тебе?

– Так точно, мэм. Как говорят наши немецкие братья, яволь.

– Стало быть, и табачок на месте?

– Без сомнения.

– Не уделишь щепотку на пунш?

Билли в видимом затруднении посмотрел на своего брата Джимми, но тот пожал плечами, как бы давая понять, что речь идет не о его проблемах.

– Мэм... постоянный тяжелый труд... на благо, разумеется, американского народа – я хочу сказать, что он негативно влияет на память и умственные способности индивидуума. Да, мэм. То есть, я теоретически допускаю, что мог спьяну или в дурной компании неподобающе пошутить относительно ваших рецептов... в том отношении, что только табачка там и недоставало, но свидетель Господь, мэм, никогда! клянусь каждой полосой и звездой! никогда – ни наяву, ни во сне, ни в коме я бы не посмел даже близко...

– И совершенно напрасно. Наши с тобой прадеды всегда добавляли в пунш табак, а они понимали толк в пунше. Так что побереги свое красноречие для кого-нибудь помоложе, а мне ссуди табачку.

– Пожалуйста! Миссис Катарина... раз уж вы сами невольно затронули эту струну... а ваша наемная работница – Мэгги, если не ошибаюсь...

– Она на втором этаже, скоро спустится. Терпение украшает мужчину.

– Начну украшаться, мэм. Всегда ваш по любому вопросу. Найти меня легко: как увидите моего братика, значит, и я где-то рядом.

– Твой язык определенно нуждается в порции пунша. Больно он легок.

– Вы сказали, мэм, не я.

Глава 49. Старые знакомые

К половине десятого колени Майка Гринвуда слегка затекли, да и все званые гости уже просочились внутрь дома. Собрался туда и Майк, как еще один гость вышел из тьмы в свет, да только его лицо отчего-то не то чтобы не осветилось, а как бы не попало в фокус.

– Доброго вам здоровья, мистер Гринвуд. Не представляете, насколько я рад наконец вас увидеть. Вы, вероятно, меня не помните...

– Отчего же, – невозмутимо отвечал мистер Гринвуд, – мы встречались в Корее.

– У вас превосходная память! Особенно если учесть, что меня редко узнают в лицо. К сожалению, во время корейской кампании нам не удалось поболтать, так как я тогда из тактических соображений выступал, хе-хе, за команду Кореи.

– Мне ли этого не помнить, сэр! Вы будете смеяться, но я видел вас не где-нибудь, а в оптическом прицеле.

– Это действительно смешно. И что же помешало вам спустить курок?

– Осечка.

Старики посмеялись самым добродушным образом, похлопывая друг друга по плечам.

– Да, сэр, – продолжал мистер Смит (если, конечно, вы сами еще не поняли, что это был мистер Смит), – человеческое оружие так ненадежно. Вы просто не представляете себе, насколько ненадежно человеческое оружие. Однажды я видел бамбук, проросший сквозь приклад. Жизнь одолела смерть так буквально и явственно, что мне стало обидно за смерть. Да, сэр.

– Не желаете ли, мистер Смит, пройти внутрь и принять участие в варке пунша?

– Вы помните мое имя и приглашаете меня войти? Не знаю, чему больше удивляться и радоваться.

– Мы рады гостям, сэр. Что же до имени, то я припомнил только фамилию.

– Вы прочитали ее в оптическом прицеле?

– Куда мне, сэр, хотя я знавал людей, способных на такое. Мы с вами входили в совет попечителей одной благотворительной организации...

– Как же! Ее ограбил этот смеющийся хлыщ... как его, бишь...

– Симпсон.

– Именно! Ваша память работает как Дженерал Электрик, сэр. Не правда ли, подлец этот Симпсон?

– Бог знает, сударь. Я не вникал в его реальные обстоятельства. А без этого трудно судить наверняка.

– Странная нерешительность для человека, чье зрение воспитано оптическим прицелом.

– Годы смягчают человека, сэр.

– И то правда.

Они постояли еще, улыбаясь один шире другого.

– Вы, однако, не все вспомнили, – заговорил Смит, – в ноябре семьдесят первого...

– В конце октября.

– Вы уверены?

– Абсолютно.

Оба покивали, вспоминая обстоятельства, которые, таким образом, прошли мимо нас с вами, и тут ничего не поделаешь.

– Опять осечка? – спросил Смит сочувственно.

– Нет, сэр. На сей раз мягкость.

– Тоже осечка своего рода.

– Если человека приравнять к оружию, тогда да.

– А разве вы не оружие Господа?

– Мы или я?

– Как вам будет угодно.

– Тем самым нет, сэр. Оружию не бывает угодно или неугодно.

– Хорошему оружию.

– Ну, плохое оружие нельзя назвать оружием. Так и телевизор плохой молоток.

– С вами интересно разговаривать. Итак, мы встречаемся в четвертый раз...

– В пятый, Смити. Пару лет назад, нью-йоркская подземка.

– Я не помню, – сказал мистер Смит так искренне, что черты его лица на миг обрели некое дряхлое своеобразие, – напомните, пожалуйста.

– Охотно. Вы были в мышином костюме с кроваво-красной булавкой, из кармана торчал платок в клеточку, а рядом с вами возвышался цветной напарник в лиловом берете.

– Петерсен. Но как же я вас не заметил?

– Очень просто, сэр. Вы были на работе, а я отдыхал. На отдыхе наблюдательность обостряется. Например, я поставлю доллар, что за вашей булавкой скрывался микрофон.

– Доллар за мной. И все же, где вы там были?

В соседнем вагоне?

– Во встречном поезде.

Смит рассмеялся, но, не встретив поддержки собеседника, осекся.

– Серьезно?

– Как вам будет угодно.

– Я подумаю, – сказал Смит самым серьезным тоном, – я, если вы не против, подумаю, как мне будет угодно.

На этих словах оба дедушки вошли в дом, каждый пропуская другого вперед себя, подобно персонажам русской классики. Снаружи осталась только луна, казалось, еще побелевшая от непонятной злобы. Ветер гулял в кустах вереска и терновника. Тоненько пищали мыши. Им вторили соловьи. А где-то далеко, в миле или двух отсюда, какой-то развязный муж орал на свою жену. Слов было не разобрать – может быть, она разбила молочник, а может быть, неправильно трактовала Божий Закон.

Да еще поскрипывала ржавая крыша на заводе Эванса.

Глава 50. Пунш начинает кипеть

Пунш кипел.

Его поверхность, еще минуту назад ровная так, как только может быть ровной поверхность жидкости, покрылась кратерами, пузырями, вулканами и опрокинутыми чашками. Все ежесекундно менялось, перетекало, плыло. Цвет являлся и ускользал: розовый, темно-зеленый, стальной. Неожиданно в этом хаосе возникло пшеничное зерно. Оно полежало в бурлящей впадинке спокойно, как в колыбели, насмешив зрителей, – и вновь исчезло в смутной глубине чана.

Взгляды всех присутствующих были прикованы к этому струящемуся лику. Впрочем, нет, одно лицо... еще два... еще одиннадцать – обернулись в сторону лестницы, как светоискатели при появлении более сильного источника света.

По лестнице спускалась девушка в розовом платье; за ней шли еще две... казалось, что они несут шлейф, хотя розовое платье было обыкновенным, чуть ниже колена.

Красота девушки в розовом была такой природы, что красота всякой иной природы меркла перед нею. Она вроде как сияла – если вы понимаете, что я хочу сказать. Я скажу вам больше: никто, никто из стоящих вокруг чана на своем веку не видел такой красоты, а они, поверьте мне, видели многое.

Скотти О'Хейли видел, как его собственная оторванная нога, летя по воздуху, довольно ловко пнула чью-то отлетевшую каску. Тревор Каннингем божился, что видел хорька с двумя хвостами. Билли Балтер видел смерть – по его словам, она напоминала огромную каплю, чтобы не сказать соплю. Джимми утверждал, что стоял на горизонте. Мак Бишоп... однако, Мак был чересчур речист, чтобы его слова воспринимали всерьез. Подобно сказочному бегуну, носившему на ногах гири, чтобы не бегать слишком быстро, Мак Бишоп последнее время избирал темы сами по себе довольно вялые, потому что любой повар приготовит вам омара, но лишь лучший повар сумеет приготовить тунца, который затмит омара.

Мэгги – конечно, это была Мэгги! – на долгую секунду задержалась в самом низу лестницы. Говор за эту секунду обратился в лепет, а лепет стих. В полной тишине отзвучал чей-то сдавленный кашель и тихое ругательство. Мэгги улыбнулась, подождала своих товарок и направилась к чану. Чувствуя, что каждый ее жест и шаг трактуются чересчур основательно, Мэгги не подошла ни к кому из гостей, а присоединилась к Катарине. Та довольно хищно оглядела соседей и цепко прихватила Мэгги под руку.

– Доброго здоровья, пани Мэгги, – с видимым усилием прознес Билли Балтер. – Именно так, мэм. Изумительная погода сегодня, вы не находите?

Мэгги собралась было ответить, как Катарина вступилась за нее.

– Какая же она тебе *пани*, Билли? Разве ты не знаешь, что так величают польских девушек?

– Я читал, мэм, что Польша и Россия примерно одно и то же. – Билли облизал пересохшие губы. – Но впрочем, как вы скажете. С погодой я ничего не напутал?

Катарина отвернулась, ворча что-то себе под нос.

– Погода превосходна, – ответила Мэгги, ободряюще улыбаясь Билли. – Давно не было такой чудесной погоды.

При этих незначащих словах ей вспомнился Слейтон Курли. В ее ушах неторопливым эхом зазвучало: *да, это прекрасная погода! за вычетом зноя, ветра и дождя. Такую погоду хорошо устроить на своем огороде, когда сам уезжаешь в Луизиану, чтобы вредители вымерли на три поколения вперед. Да в мое время если дежурный по штату ангел, налакавшись амброзии, стряпал такую погоду, его без лишних слов спускали в ад, но и там не ставили к котлу. В такую погоду на игуане вырастает шерсть, а енот вместо различного барахла полощет на ветру собственные мозги. Я скажу тебе больше: в такую погоду само мироздание ропщет против своего Создателя и плачет градинами размером с голову недоноска вроде тебя. Когда мой дед, Эйзекайя Вашингтон Курли...*

От этих слов, вроде как услышанных Мэгги, ее улыбка стала еще ярче. Она повела носом – Иисус! если бы молодые американки увидели в телевизоре, как она повела носом, они все принялись бы по малейшему поводу водить туда-сюда носом, клянусь годовым бюджетом США.

– Катарина! – сказала Мэгги. – А не готов ли пунш?

При этих словах по аудитории прошла легкая дрожь, подобная океанской зыби, а после того, как Катарина важно кивнула, началось общее движение, напоминающее слабый шторм.

До сих пор мы с вами не заметили, а в дальнейшем как бы не забыли... словом, голос Мэгги стал гораздо мелодичнее, чем раньше. Проблематично даже, сумел бы идентифицировать его, скажем, компьютер ФБР.

Катарина оглянулась в поисках Майка, при этом ее уверенное хозяйское лицо на какое-то мгновение стало беспомощным, и злой человек мог бы этим воспользоваться, да в зале не было таких. Майка также поблизости не было. Тогда Катарина, видимо, в нарушение традиции, сама зажгла спичку и подпалила пунш.

Как он горел! Тут мелькал и голубой болотный фонарик, и зеленоватый свет миражей морского тумана, и рыжий вихор дружелюбного лесного костра, и алые языки пламени ада, и белые искры холодного бенгальского огня. Тревору Каннингему показалось, что он увидел саламандру. Та, была она или ее не было, в свою очередь, уставилась на Тревора: вероятно, он был нечастым явлением в ее огненном мире.

Глава 51. По стаканчику

Пунш, напоминавший жидкий философский камень, разливали по кружкам. Все были увлечены беседой и пуншем. Но если бы кто-то посмотрел в окно, то рассудил бы, что насчет погоды оказался прав мистер Курли, даром что был отсюда за тысячу миль. Кусты и деревья вытянулись под углом к земле, словно расчерчивая прямоугольник окна в косую линейку. Перекрещивая эту линейку, землю сек бледный дождь. Вдалеке вспыхивала и гасла зарница, похожая на огромную неисправную лампу за шторой небес.

В эту минуту рухнули перекрытия на заводе Эванса – предположительно, от дождя и ветра, поскольку управляющий был нерадив и не докладывал старику Эвансу о состоянии оборудования. Пьянчужка Малкин как раз отдыхал на ближнем сеновале, уворачиваясь от водяных струек из дыр в крыше, кутаясь во что попало и пытаясь заснуть. Он видел, как медленно подрубались гниловатые балки, как небольшими фонтанами там и сям вылетали осколки стекла, как косились и падали металлические опоры, как вздымалась бетонная пыль. Пьянчужку Малкина поразила почти полная бесшумность происходящего – а ведь звук для человека является сигналом опасности, так вот, в относительной тишине это разрушение происходило *как должное, будто так и было надо.* Малкин снова и снова рассказывал впоследствии об увиденном и стоявшем за ним Смысле – за стакан и просто так, бескорыстно, сам подрывая собственные расценки.

Впрочем, он с детства был глуповат.

– Опс, – кратко отреагировал мистер Смит. Никто не заметил, как он вошел и оказался на довольно близком к чану месте. Вот теперь все заметили, как вошел Майк Гринвуд, но ведь это уже после слова опс.

– Скажите, уважаемый, – первым (через долгую секунду) очнулся Мак Бишоп, – что вы хотели сказать этим вашим опс?

– Что если здесь есть сотрудники моего доброго друга Ника Эванса, они могут завтра поспать подольше. Его завод рухнул и внес наконец посильный вклад в экологическую программу штата.

– Что же, сэр, все имеет свое начало и свой конец, не быть же заводу Эванса исключением. А откуда вы это узнали, позвольте спросить?

– Услышал, – ответил Смит откровенно и просто. – Когда долго живешь, узнаешь звуки, как старых друзей. Гнилое дерево трещит, но невесело, словно жалуясь на судьбу. Стекло бьется тоненько и звонко, словно прихорашивается, а не умирает. А железо падает на бетон как бы с глуховатым эхом, потому что сперва оно падает, а потом трескается бетон. И уж совсем глупо было бы перепутать эти фиоритуры с каким-нибудь банальным ветром, громом или дождем.

– Здравствуй, Смит, – сказала Мэгги.

– Здравствуй, Мэгги, – ответил Смит.

– В такой поздний час, – резюмировала Катарина, – в цеху никого не должно быть, а об этой рухляди жалеть не приходится. Майк, выпей пунш. И вы, господин... Смит?

– Точно так, мэм. С превеликим удовольствием, мэм.

Майк, чтобы удобнее прихватить кружку, переложил в левую руку блестящий шарик. По нему скакнул луч, шарик вспыхнул необычным ярко-фиолетовым цветом. Сразу несколько человек обратили внимание на шарик.

– Так твою, Гринвуд! Что за балдежный шарик?!

– Ты подаришь его кому-то или разыграешь?

– Аукцион!

Это слово, вброшенное в зал, возымело действие. Быстрее, чем вы бы вспомнили столицу Массачусетса, все расселись по лавкам и табуретам, оставив Майка стоящим в центре в некотором одиночестве. Он откашлялся, отхлебнул пунш и начал:

Часть шестая

НОВЫЙ ГРЕНОБЛЬ – МОСКВА

Глава 52. Эдди и Сюзанна

Майк прокашлялся и начал:

– Эдди и Сюзанна выросли рядом, но никогда не видели друг дружку...

Тут мгновенно установилась тишина – и так же мгновенно была нарушена, пока Майк набирал воздух для второй фразы.

– Да, это так! Я свидетельствую об этом, но, с другой стороны, что нам до Эдди и Сюзанны?!

Общество, обомлев, обернулось к мистеру Смиту, который обходил каждого встречного по плавному виражу так естественно, словно люди были манекенами. Присягну на Билле о Правах – не в одном животе от изумления взбурлил пунш.

– Восемь человек в этом зале, да, восемь человек могут продолжить эту историю и не прерываясь довести до счастливого конца; могут упаковать в нее чудесный магический шарик – да, драгоценный Майк, кстати, я видел такие шарики на ярмарке в Милуоки по три доллара за пару; если вы приобрели их дороже, это наводит тень на вашу коммерческую репутацию. Так вот, эти истории, лежа в ряду, обесценивают одна другие, как всякий конвейерный товар. Восемь, леди и джентльмены, восемь равноценных историй, одна правдивая и семь... практически правдивых, потому что они вполне могли произойти, но на этой кишащей людьми планете уже произошло столько невероятного, что все вероятное произошло точно и многократно...

Опытный оратор, Смит не мог не понимать, что сильнейшим словом в его речи является это самое *восемь*, выдающее необъяснимое знание аудитории (или это знание превосходно имитирующее). К этой минуте сменился не только рассказчик. Героями исподволь стали не Эдди и Сюзанна, – горько соглашаться со Смитом, но что нам до них?! – а Тревор и Мак, Клаудиа и Катарина, мы с вами, наконец. У нескольких исправных налогоплательщиков слегка засвербило в задах, потому что неприятно подозревать собственную жизнь в мозгу федерального агента, раскромсанной и снабженной ярлыками. И дело тут вовсе не в уголовной ответственности, да и какая там серьезная ответственность за жалкие... да и свидетелей... да и улик... да и давно это было... словом, попросту как-то неудобно, вроде как появиться перед обществом в подштанниках из галантереи Клермо, хотя ничего позорного нет в самих по себе этих подштанниках, вполне состоятельные подштанники. Смит между тем продолжал:

– Пусть я здесь впервые, но слухом полнится американская земля, и, насколько я понимаю, никто не уйдет отсюда без подарка. Так, дружище Майк? Так что, если нам повернуть аукцион на девяносто градусов, тем более, что все равно, откуда начинать разгадывать кроссворд: по горизонтали или по вертикали. У меня, хе-хе (он не хихикнул, а именно сказал хе-хе), тоже припасены подарочки, да, леди и джентльмены, подарочки...

Пару нервных цветных гостей прошиб при этих невинных словах настоящий сибирский озноб; Элиза же Хэмпшир кратко хохотнула – и икнула, словно кто-то заткнул ей белозубый рот.

– Тревор, так твою! Перестань креститься в кармане, а в другом сжимать фигу, а то, я догадываюсь, оцепенеют твои пальцы и таким останешься навек. Попомни мои слова – так, кажется, ты говоришь? Давай, выйди-ка лучше на подиум, как топ-модель, а мы с Майком посоревнуемся, что лучше бы тебе подарить.

Старикан Каннингем сомнамбулически вытащил собственное тело в центр зала; общество приветствовало его молчанием.

– Ваш ход, Майкл!

Глава 53. Кленовый листок

Пожалуй, очередным потрясением для бедных любителей пунша стало то обстоятельство, что на старого Майка Гринвуда вот ни на столечко не распространилось всеобщее замешательство. Он ожидал обращения Смита с ровной вежливостью хозяина, временно уступившего микрофон словоохотливому гостю.

– Что ж, Тревор, мой подарок тебе простой и совсем дешевый. Помнишь, как пятьдесят три года назад вас с Кларой Рэнсом настиг западный ветер прямо напротив моего магазинчика? Клен...

сейчас уже нет этого клена... буквально вывернулся наизнанку. А потом ты вынимал кленовый листок из ее черной жесткой шевелюры, и вы смеялись, как дураки, и топтались, как кони? Так вот...

– Это тот самый листок? – спросил Тревор, и его голос дрогнул.

– Нет, – ответил Майк довольно жестко, – это такой же листок. Если ключ подходит к замку, то и такой же ключ превосходно вскрывает тот же замок.

Все молчали. Тревор стоял, пригорюнившись.

– Прекрасно, – резюмировал Смит. – Мой подарок тебе, дружище Тревор, не такой трогательный. Однако, взгляни!

Люди расступались; между ними, как катер между волн, проходил красивый цветной джентльмен с большой бутылью наперевес.

– В основу этого препарата положена формула твоего гена, Тревор. Он запускает обратно программу старения твоего организма. Выпив ее, ты начнешь молодеть с той же неукоснительностью, как старел до сего дня, только гораздо быстрее. Не пройдет и года, как свежая терпкая кровь смоет из твоего мозга память о некрасивой старости, а внутри ног словно вырастут стальные пружины. Я уж не говорю, Тревор, о твоем карандаше, он снова обратится в жирный фломастер с твердым почерком. И ты встретишь западный ветер лицом на запад, сынок. Он развеет твои волосы, цвет которых ты забыл. Тут нет никакого подвоха. Выбор за тобой.

Если Тревор Каннингем и сомневался пару секунд, то никто этого не заметил.

– Сожалею, сэр, но я не настолько люблю теперешнюю молодежь, чтобы так или иначе плодить ее ряды. Плевку негоже залетать обратно в рот. Вы думаете, мистер, Клара Рэнсом много значила в моей жизни? Да я последние лет тридцать не вспоминал о ней. Тем приятнее мне будет взять этот листок, ибо он...

– Если достопочтенный шериф, – в сторону, но, согласно странному акустическому эффекту, как бы на ухо каждому присутствующему заметил господин Смит, – позволит мне эксгумировать миссис Рэнсом и позаимствовать хотя бы один ее хрящ, то я оживлю память о ней гораздо навязчивей, чем кленовый листок. Если уж в ход пошли дубликаты.

– Сожалею, сэр, – опять немного занудно вступил Тревор Каннингем, – но дубликаты хороши в фауне и флоре. Вот Господь, зазевавшись, наксерил двух братьев Балтеров, так хорошо ли вышло?

Общество осторожно хмыкнуло навстречу этой осторожной шутке. Смит, улыбаясь, поднял руки в знак того, что сдается. Майк Гринвуд, тоже улыбаясь, но иначе, вручил Тревору Каннингему копию кленового листа из шевелюры его покойной подружки. Несколько человек пару раз хлопнули в ладоши, но аплодисмент не задался. Вместо него полыхнуло за окном ярко-белым, а потом громыхнуло так, что мало не показалось.

После громового раската установилась такая тишина, что стало слышно, как, извиваясь и шурша, ползет время сквозь вечность. Смит и Гринвуд, не шевелясь и не мигая, смотрели в глаза друг другу, и улыбки исчезали с их лиц, как оберточная бумага под нетерпеливой рукой. Люди, случайно оказавшиеся между ними, отшатнулись; по воздушному тоннелю засквозило туда-сюда суетливое электричество. Тревожно запахло озоном. И тут тишину взрезал голос, лучше даже сказать, визг:

Глава 54. Неожиданные возражения

– Нет! Нет! Дерьмо! Прекратите это немедленно!

Бесцеремонно отпихнув пару-тройку фигур второго ряда, на авансцену выскочил тинейджер в кожезаменителе с волосами неопределенно-тошнотворного цвета. Его лицо украшали следы борьбы с прыщами. Юноша – я, так же, как и вы, не ожидал увидеть его в центре событий и не знаю его имени – окинул присутствующих горячим взглядом, повторил «дерьмо» и притих. Он стоял, нахохлившись и дрожа, напоминая птицу в комнате.

– Я догадываюсь, Питер, ты хочешь что-то нам сказать? – заботливо произнес мистер Гринвуд.

Питер (выходит так) вскинул всклокоченную башку.

– О да, конечно, мистер Гринвуд, по-вашему, я и не могу ничего сказать, разве что как говорящие часы или джакузи.

– Уверен, что это не так. Говори же, мы внимательно тебя слушаем.

– Вы собрались тут разыграть этот чертов финал...

Гринвуд поморщился, словно его укусил комар.

– Молодой мистер, вероятно, имеет в виду Армагеддон, – сладко пояснил Смит. После чего они оба – и Смит, и Гринвуд – выразили на лицах то затруднение, невнятную истому и слабую тоску, которые обыкновенно появляются на фасадах главных героев боевиков, когда те на простой детский вопрос типа *дяденька, это вы спасаете мир? нехотя отвечают ну, я бы так не сказал, потому что это очень приблизительная формулировка, да и как его спасешь на такой дерьмовой тачке, а в общем, да.*

– Ну да, – согласился с поправкой Питер, темнея от злости, – и вам, конечно, невтерпеж узнать, добро одолеет зло или наоборот, да только нас вы забыли спросить.

– А вы полагаете, молодой человек, такие вопросы решаются референдумом? – невинно поинтересовался Смит.

– Я ничего не полагаю. Я полагаю только, что нечего их теребить без нужды.

– Отчего же?

– А вот отчего, – юный Питер немного успокоился, смахнул со лба склизкую прядь и обнаружил пару вполне неглупых маленьких глаз. Потом слегка приподнял бровь, что придало его физиономии хитрость, и продолжал:

– Вот отчего. Оттого, что я завтра с утра рассчитываю испытать на себе мазь от прыщей на основе конского каштана, а в пятницу намереваюсь получить права на вождение мотоцикла.

– Если это все... – невозмутимо начал Смит.

– Это не все. Это далеко не все, уважаемый мистер. Получив права, я накоплю бабок, а может, мне помогут мои друзья и дядя в Лос-Анжелесе, и я куплю себе мотоцикл. Потому что права без мотоцикла это вроде как душа без тела. А я хочу не иметь право ездить, а ездить, вы понимаете хотя бы это, ездить по песку, и по корням, и через ручей возле фермы Кунца, и по бетонным плитам на заброшенной стройке. А потом я хочу освоить презерватив и тоже не теоретически и не в отрыве от того, что по ту сторону презерватива.

Смит открыл было рот, но Питер возвысил голос.

– И я хочу слегка подсесть на иглу, а потом долго и мучительно слезать, а еще познакомиться с плохой девчонкой вот с такими буферами, а потом долго и мучительно с ней расплевываться, чтобы жениться на скромной и молчаливой девушке вот с такими добродетелями, а еще я проучусь годок на юриста, постою пару раз на стреме, попробую развозить пиццу, а потом пойму, что это все не мое, и...

– Долго и мучительно, – подсказал Смит.

– Вовсе нет, дорогой и уважаемый мистер, совсем не долго и мучительно, а плавно и постепенно найду свое место в жизни, а потом обзаведусь парой сопливых, машиной, фургоном, язвой, геморроем, парой ненавистных мне президентов, а еще такой насадкой на компьютер, которую сейчас прозревают в смутных снах только дьявол и Билл Гейтс. А потом я хочу помереть – долго и мучительно, но в свой эксклюзивный срок, а не под ваши дерьмовые титры и духовую музыку сфер, а еще я не хочу снимать с собственной жизни сливки и не хочу попадать в рай задешево...

– А в ад? – опять встрял федеральный агент.

– И в ад не хочу. А последнее, чего я пожелаю на койке в окружной больнице, когда мой синус уже начнет вытягиваться в ровную черту, так это примерно того же сценария для своих внуков, в пику траханным электрическим скатам вроде вас.

Питер снова тяжело дышал, но сейчас был почти красив, да, пожалуй, красив. Конец его речи ознаменовался такой же мгновенной белозубой молнией – и громом, словно сейф свалился с трех лестничных пролетов.

Неуловимое лицо Смита, оставаясь неуловимым, пропустило через себя серию гримас, похожих на морщины на тесте.

– Что ж, старина Майк, опять, можно сказать, осечка. Мне спешить некуда; подождем лет семь или восемь.

Что характерно, никто даже и не взглянул после этих слов на Майкла Гринвуда, настолько конфликт показался всем исчерпанным. И поэтому его ответ, даром что негромкий и даже шелестящий, огрел присутствующих покруче грома.

– *Нет.*

За окном тяжело дышали волны жестокого дождя, а на фоне этого самого окна стоял Майк Гринвуд, страшнее ненастья и мистера Смита вместе взятых. Население Нового Гренобля невольно попятилось от хозяина дома, еще более невольно сплачиваясь вокруг федерального агента.

– Опомнись, Майк, – сказала Катарина.

– Ты видишь, через восемь лет я совсем одряхлею, если не помру.

– Доверься воле Божьей.

Гринвуд задумался. Элиза Хэмпшир истерически каркнула и села на пол.

– О'кей.

И тут с тревожным стуком открылась форточка, в залу ворвался озон – и люди зашевелились, словно деревья на ветру, заговорили, принялись чокаться недопитым пуншем. Билли Балтер пролил изрядную порцию себе на штаны. Клаудиа смеялась двусмысленным шуткам его брата, показывая крупные белые зубы. Издалека слышался гром; гроза уходила на восток.

Глава 55. Разговор в баре

В небольшом баре на втором этаже собралась примечательная компания: Смит, Мэгги и Катарина.

– Для начала, – сказал Смит Катарине, – позвольте, мэм, вас униженно поблагодарить. Если бы не вы... хоть это был и не финал, а какая-нибудь одна тридцать вторая, но так называемому злу несдобровать в борьбе с добром, извините уж за невольный каламбур. Зло, насколько я успел понаблюдать за свой условный век, много из себя строит. Гримасы и позы (Смит состроил свои типовые черты в рожу, страшную и уморительную одновременно). А вот добро – это поистине жуткая сила. Это как в серьезной фирме: кассир Макгрегор приворовывает за спиной босса, а управляющий Джонсон реализует политику начальства. Так Джонсон, доложу я вам, куда опаснее Макгрегора, и секретарша Люси не зря боится Джонсона, а с Макгрегором перекидывается шуткой.

– Сожалею, сэр, – довольно холодно отвечала Катарина, – но вряд ли смогу принять вашу благодарность, чтобы наш разговор не свернул на неверную магистраль. А вашей доброй знакомой Люси я посоветовала бы вести себя так, чтобы не приходилось опасаться начальства.

– Знакомый совет. Да ведь вина Люси только в длинных бедрах и круглых ягодицах. О чем только думал Господь, когда проектировал эти ягодицы?

– Есть вопросы, – безмятежно парировала Катарина, – которыми не следует задаваться. Например, в чем сквозной смысл истории нашей планеты или хотя бы такой ее частности, как клопы.

– Извини, Смити, – встряла Мэгги, – а почему ты назвал свой век условным?

– Все очень просто, моя красавица. Дело в том, что мне значительно больше ста. Я относительно хорошо сохранился, – тут Смит, подобно дешевому фокуснику, достал из пустоты круглое зеркальце и, внимательнейшим образом в него глядясь, произвел над своим лицом сложные движения пальцами, словно лепил из теста. – Если бы я не боялся испугать вас с малюткой Катариной, я бы намекнул, что мне и больше двухсот, ну да ладно, пощажу ваши нервы. Хотя... так ведь какого-нибудь коммивояжера распирает, если он видел юную леди на каких-нибудь автоup ралли в Коннектикуте, и он помрет, если не сообщит ей эту ничтожную информацию. Так и я... Катарина, не то чтобы принимал роды у твоей бабушки, а, скажем точно, находился тогда в соседней комнате и слышал первый крик твоей мамочки. Можно сказать, случайно туда попал, но странная штука – чем дольше живешь, тем меньше замечаешь вокруг себя случайностей. Когда пятилетний Джим едет на автобусе, ему тоже кажется, что тот случайно сворачивает вправо и влево и случайно довозит его с черномазой мамашей до искомого места. Словом, Мэгги, мы с тобой – два персонажа из книги Гиннеса. Тебе сколько там – месяцев пять или шесть? Как сказали бы наши русские друзья, *старый и малый*, да? Действительно?

– Ага. А еще говорят: *связался черт с младенцем*.

Эти невинные слова Мэгги неожиданно взбесили Смита.

– Да что вы все, дерьмо этакое, помешались на этом черте? Вот спроси меня, бэби, прямо, в лоб, дьявол я или нет?

– А это не будет посягательством на частную жизнь?

– О, эта траханная русская ирония! Так слушай и запоминай: я не дьявол, не черт, не вампир, не оборотень, не привидение, не что там еще. Сделай одолжение, угости меня просвиркой с чесноком в соусе из осинового кола и засунь мне пинцетом в жопу серебряную пулю. Если хочешь знать, нет вообще никакого дяди дьявола. Дьявол – это образ мыслей, действий и организационных ходов. Вроде операционной системы. Это просто голая оптимальность. Она покажется не сентиментальной и не романтичной какой-нибудь срушке из Миссисипи, воспитанной на мексиканских сериалах. Просто, моя маленькая Мэгги, если ты зазеваешься на моей дороге и окажется, что пересечь тебя короче и дешевле, чем обходить, то мне придется... ну, как бы это помягче выразить... а потом ведь найдутся неудачники с двухфутовыми языками, которые приплетут сюда дьявола, и аморальность, и прочее дерьмо. О! Луч света идет по кратчайшему пути, и никто не пеняет ему, что он разбудил по дороге халтурщика-постового, когда тот видел во сне Ким Бэссинджер. Ты что-то хочешь сказать, Катарина? Говори же.

– Я хотела узнать, как вам удалось так неплохо сохраниться.

– Прекрасный вопрос! Клянусь четырьмя постоянными комиссиями при Конгрессе, великолепный вопрос! И вот тебе бледный, но честный ответ: единого рецепта не существует. Я простодушно использую достижения той эпохи и страны, где нахожусь. Например, в Индии этак... ну, все равно, сколько лет назад я сидел в позе лотоса, пока не зацвел, а в горах Кавказа предпочитал молодое вино и свежую баранину. Сегодня я отдаю предпочтение высоким технологиям. Мэгги, ты уже раскрываешь свою пасть с обложки «Космополитена», так даю тебе справку с печатью: никакой младенческой крови, никаких сердец старых дев и прочей доморощенности. К сожалению, из соображений не нравственности, а скорее диетологии.

– Я вижу, – ответила Мэгги кротко. – А не мог бы ты рассказать, чем занимаешься помимо обновления собственной шкуры.

– Ничем.

– Но... ФБР, все эти манипуляции мной...

Смит поморщился.

– Это побочные эффекты, крошка. Ты видишь, иногда, чтобы аккуратно пересадить себе свежую печень, проще всего оказаться секретным начальником средней руки. При этом ты неминуемо занимаешься еще чем-то кроме собственной печени. С другой стороны, с каждого проекта ты снимаешь сливки в собственную чашку. Ты можешь мне не поверить, но однажды для сохранения этого бросового тела мне пришлось организовать революцию. Не ту, моя сладкая, не ту; та, которую ты имеешь в виду, случилась так же естественно, как гибель «Титаника». Маленькую черножопую революцию – она быстро зажила, когда я отвалил с кассой. Часть денег пошла американскому народу, а на остаток я купил превосходного химика, который впоследствии одарил меня парой-тройкой формул, все-таки обращающих некоторые необратимые процессы в клетке. И вот ведь человеческий род! Я заплатил ему достаточно, чтобы он приобрел у меня готовый продукт собственного изобретения, а он предпочел купить лиловую тачку и разбиться в ноль на автобане в Оклахоме. В каждом из нас сидит внутренний гамлет, дорогие девочки, и смерть всегда выбирает того, кто смотрит ей в глазницы и переступает с ноги на ногу. Это как на балу: приглашает дама, приглашает кавалер, но взгляды уже сцепились до всяких формальностей. Ты готова к смерти, Мэгги?

Мэгги задумалась, не удивившись.

– Я догадываюсь, нет. Я хотела бы многих еще повидать и кое-что сделать. У меня куча незакрытых файлов. А почему ты спросил?

– Потому что ты невнимательна. Твоя красота разгорелась чересчур ярко для этого первобытного района. Любой мужчина хоть чуть-чуть моложе меня желает обладать тобой. Твоя холодность и неготовность ответить повергает их в отчаяние. Ты порываешься возразить – что ж, ты можешь ответить одному, на втором вас всех заклинит. Отчаяние... знаешь ли ты, красотка Мэгги, силу отчаяния? Дерьмовая жидкость, не находя выхода, рвет запаянный сосуд. Я показал бы тебе опыт, обладай ты временем. Допустим, трое безнадежно влюбленных дисциплинированно покончат с собой. Это их конституционное право. Но четвертый, моя милая, пальнет в тебя, и будет тоже прав, поскольку невменяем. А ты болтаешь тут на втором этаже со старой рухлядью, вместо того, чтобы делать ноги.

Глава 56. От слов к делу

Тут Смит внезапно оборвал болтовню. Наступила слегка бракованная тишина, как если бы на вселенском магнитофоне медленно вертелась пленка без записи, но со случайными шумами.

За окном бесшумно бежали тучи, подгоняемые желчной луной. Электрическая лампа, загримированная под керосиновую, стрекотала и только что не чадила. Жизнь... как бы точнее сказать... да, сама жизнь, казалось, не имела выхода из этого замкнутого пространства. Уют плавно переходил в кессонную болезнь. Вообще, отсюда можно было уйти только по винтовой лестнице, в низу которой началась невнятная возня, крики, выстрел...

– Мэгги! – крикнула Катарина. – В окно!

Мэгги в сомнении раскрыла окно и выглянула в него. Какая мелочь подчас влияет на наши решения – не будь она в этом шикарном платье, прыгнула бы не задумываясь.

Между тем, кто-то рвался вверх по лестнице, преодолевая сопротивление. Мэгги с лихорадочным любопытством ждала – кто же это будет.

– Я могу пристрелить его, – спокойно и не торопясь сказал Смит, – но лучше сразу, до выяснения.

– Не надо, – машинально отозвались Катарина и Мэгги.

Если бы это был Мак Бишоп...

Мужчина, пыхтя, добрался до бара. Это был не Мак Бишоп. Я скажу вам больше: этого мужчину никто толком не знал. То есть, он родился, вырос и опустился в Новом Гренобле, у него когда-то давно мелькнула смутная жена, Катарина, поморщившись, могла бы вспомнить его имя, да и Смит... вот только Мэгги видела его впервые, а если сказать точнее, впервые отличила от фона.

– В сторону, – выдавил из себя мужчина сквозь одышку, неопределенно поводя стволом. Никто не двинулся с места. – Да что же это?! – взвизгнул мужчина по-бабьи. – В сторону, я сказал!

– Не мог бы уважаемый джентльмен, – оскорбительно хладнокровно спросил Смит, – пояснить, кому именно и в какую сторону. Это не значит, что мы заранее принимаем ваше предложение. Это значит, что мы хотим его уточнить.

– Ты самый умный? – поинтересовался гость, наводя на Смита ствол.

Тут раздался выстрел – и мужчина медленно, винтом, осел на пол. Его ладонь вопросительно раскрылась, и ствол выпал из нее.

– Не надо благодарностей, – добродушно сказал Смит. – Мне надо было, чтобы он навел свое чуть теплое оружие на меня, после чего любой суд присяжных меня оправдает. Видит Бог, мне столько раз приходилось стрелять сквозь карман, что мой портной на всякий случай наклепал их целый ящик. Вот через задний карман – Мэгги, тебе как специалисту это было бы любопытно... ну да ладно. Катарина, найдутся ли в доме врач, священник, нотариус? Мэгги, можешь спуститься, заодно разведаешь историю этого любительского десанта.

– А скажи, Смит, тебе его совсем не жалко?

– Нет. А тебе?

Мэгги ушла, не ответив.

Катарина кратко взглянула на Смита.

– Да ладно, девочка, – сказал тот, – думаешь, я все еще дуюсь на тебя за то, что ты предпочла мальчишку-сверстника старому бодряку? Да я почти забыл.

– Дело не в этом, Говард. Девочка ушла одна, а кто всерьез ее защитит, кроме тебя и меня?

– Господь.

Катарина посмотрела на Смита, словно стараясь понять, шутит он или говорит всерьез, – и тут раздался сухой выстрел снизу, потом еще и еще.

Глава 57. Больничная койка

Мэгги лежала. Жесткий крахмал царапал ей подбородок. Перед ее глазами находился потолок, мазанный светло-зеленой краской. По потолку проходила трещина, похожая на Миссури. Пахло капустой и чем-то еще – слабо, но неприятно.

Мэгги осторожно потянулась, пробуя понять, куда именно она ранена. Немедленно закопошились несколько точек; Мэгги, испугавшись, прекратила эксперимент и непонятно сколько времени приводила себя к небытию. Боль утихла. Трещина уютно расположилась на потолке. Лампа не горела, но было светло, получается, это день. Мэгги прикинула – вероятно, ее свезли в окружной госпиталь милях в тридцати от Нового Гренобля.

Ей отчего-то стала интересна судьба ее платья. Перебрав в уме несколько вариантов, Мэгги остановилась на самом лучезарном: платье в кладовке, и ей выдадут его при выписке.

Вошла сестра и сказала несколько неуловимо странных фраз. Напрягшись, Мэгги сформулировала их странность: сестра говорила по-русски.

– Можете говорить по-английски, – прохрипела Мэгги. Ей самой очень не понравился ее собственный голос. Сестра посмотрела на нее, как на идиотку, прыснула и ушла.

Мэгги тревожно вздремнула, а когда проснулась, увидела трех мужчин, обсевших ее с трех сторон. Она подумала было, что время сделало сальто назад и вернуло ей Горли Томсона с парой ассистентов, но потом узнала гостей. Это были Фил, Билл и Серый – кореша Давида Гуренко.

– Очухался, – сказал Фил по-русски. – Живучий, бл.дь, народ.

– Не говори, бл.дь, – поддакнул ему Серый.

– Здравствуйте, мальчики, – сказала Мэгги. – Рада вас видеть. Надолго в Америку? Как там Давид?

Эти вполне светские слова вызвали неопрятный смех. Фил хихикал, словно икая, на вдохе; Билл ржал, роняя куски слюны; Серый словно подтявкивал. Отсмеявшись и утерев слезы, посетители окружного госпиталя совершенно отвлеклись от Мэгги и заговорили между собой.

– Башкой треснулся?

– Не видишь, бл.дь?

– Так ровно чешет. Я тут позавчера был в одной фирме, ну, у Макса, ты помнишь Макса? так вот, у него теперь кабинет, а перед кабинетом телка с табличкой, а на табличке написано *секретарь-референт*, и она меня вот в этой же манере спрашивает, как доложить о вас Максиму Эдуардовичу?

– И ты что?

– Растерялся, бл.дь. Как обо мне доложить?

– Менеджер по спорным вопросам.

– Короче, Додику оборвать яйца, получится секретарь-референт.

– Пока башка не заживет.

– Надо торопиться.

Глава 58. Версии происходящего

Слушая вполуха этот тупой разговор, Мэгги пыталась сообразить, что произошло. Для начала ей удалось идентифицировать запах капусты. По всему судя, она находилась в одной из московских больниц. Потом она пошевелила поочередно левой и правой рукой. Правая оказалась практически здорова. Мэгги выпростала ее из-под простыни и ощупала собственные щеки. На них кололась щетина. Тогда, собравшись с духом, Мэгги съездила рукой в собственную середину и к своему ужасу обнаружила там ненавистный мужской аппарат в его триединстве. Тут Мэгги сделала последний шаг в этом направлении и сформулировала источник слабого неприятного запаха: это было тело Давида Гуренко, куда она вновь угодила.

Оставалось думать.

Очевидно, после ранения в окружном госпитале произошло серьезное выяснение личности раненой – совсем не так, как на Багамах. Вероятно, связались с российским посольством. Вероятно, позвонили Белле Самойловне, а она выслала этих трех кретинов. Они потребовали восстановить статус-кво и отвезли обезображенную Мэгги в Москву, полагая, что это Давид Гуренко.

Аккуратно вспомнив русские слова, Мэгги озвучила эту версию.

Как ее слушали!

Так меломаны слушают в исполнении скрипача-виртуоза неизвестный им, но гениальный концерт.

Фил, Билл и Серый раскрыли три рта, как Змей Горыныч у стоматолога, боясь пропустить слово. Кажется, они даже не дышали. Когда Мэгги закончила, они молчали еще секунд тридцать на случай, что она просто прервалась. А потом заревели, застонали, забились в конвульсиях, так что Мэгги всерьез испугалась и начала искать кнопку, чтобы позвать сестру, но кнопки не оказалось, и тогда Мэгги поняла, что ее гости всего-навсего смеялись.

Дар речи вернулся к ним минут через восемь – в том ограниченном объеме, в котором вообще был им присущ.

– Я обоссался, – задыхаясь объявил Билл. – Кроме шуток.

– Я был на Жванецком, – задумчиво сказал Серый, – и Жванецкий это тоже не похоронный марш. Но что же получается – стоит довольно занудного типа грамотно приложить о фонарь, и Жванецкий отдыхает?

– У меня схватило сердце, – сказал Фил серьезно. – Пошли отсюда, пока он не раскрыл рта. Еще одной порции этой х.йни я просто не вынесу.

И они ушли практически по-английски.

Прошел месяц.

Мэгги пробиралась по гололеду одной из московских окраинных улиц. Навстречу ей спешил мальчик лет девяти; Мэгги ему улыбнулась – мальчик вздрогнул и ускорился. Мэгги мысленно чертыхнулась и очередной раз зафиксировала про себя, что этой рожей не стоит улыбаться.

Опасаясь русской психиатрии, Мэгги усвоила и в нескольких инстанциях повторила местную версию происшествия. Довольно лаконичную, впрочем, версию: предприниматель Давид Гуренко приобрел дешевую машину и почти сразу въехал в фонарный столб. Остальное явилось плодом воображения ушибленной головы, не оставившим следов на организме.

Остального не было.

Глава 59. Как жить...

Мэгги сидела в окраинном московском кафе и потягивала виски. Ей было погано. В этом неопрятном теле она чувствовала себя примерно как Штирлиц в эсэсовском мундире. Пару дней она не вылезала из ванной, пытаясь отбить собственный запах. Можно было брить ноги, наконец, снова отстричь лишнее. Но дело было не в теле.

Мэгги пришлось выставить за дверь трех Давидовых подружек, явившихся практически подряд с какими-то мутными претензиями то ли эмоционального, то ли имущественного толка. Ради этого случая Мэгги с удовольствием вспомнила и воспроизвела лексические обороты Давида, а также его коронные пинки, небольные, но обидные. Про отношение Давида к дамам Фил, сам отнюдь не романтик, высказывался так:

– *Я все понимаю, но это, бл.дь, чересчур.*

Дважды или трижды Мэгги вызывали на заседания корпорации, где Фил, Билл и Серый с унылым постоянством в три языка выбивали лишние деньги из представителей смежников, а те яростно доказывали свою версию финансовой истины. Судя по всему, азарт Давида Гуренко что-то решал в этих филологических разборках, но Мэгги скучала так напоказ, что заражала преступным безразличием своих партнеров – и те отступали. В итоге Мэгги назначили скромный пенсионный фонд и отстранили от дел.

Однажды Мэгги посетил Билл, чтобы выразить общее недоумение. Бывшие друзья вышли прогуляться по московской улице. Билл оказался ниже Мэгги на полголовы. Мэгги про себя сформулировала, что этот мужчина не в ее вкусе.

– Что ты гордишься, – наставительно говорил Билл. – Когда ты трахнулся об этот фонарь и загремел в больницу, Фил ночь не спал. Ты извини, но он одним врачам скормил штук семь. Серый день и ночь пахал, затыкая твои щели. Я... да ладно. Я не узнаю тебя, Дод. Ты ведь знал цену настоящей дружбе.

Мэгги рассеянно кивнула.

– А скажи, Билл, я постоянно лежал(а) в той больнице? Вы меня контролировали?

– На месяц тебя перевели в закрытый стационар специально для коматозных. Мы туда только звонили. А что?

Мэгги прикинула, могла ли вместиться в коматозный месяц ее американская эпопея. Мда. Неужели глюк?

Но ведь я жива. Я вижу небо. Я люблю и негодую. Моя память воспалена случившимся со мной – что мне до того, что вы в это не верите?

Мэгги и Билл сомнамбулически зашли в супермаркет. Мэгги привлекло одно лицо с обочины взгляда, собственно, привлекло тем, что Мэгги его не разглядела. А присмотревшись и вновь не разглядев, Мэгги, к величайшему удивлению Билла (и не его одного) совершила три кенгуриных прыжка и схватила неприметного товарища за отвороты пальто. По русской традиции Мэгги и дедушку растащили метра на три и теперь ожидали, что они скажут.

– Смит! – орала Мэгги хриплым голосом Давида Гуренко. – Погоди, сволочь, я еще доберусь до тебя!

– Он треснулся башкой! – вторым голосом поддерживал друга Билл. – У него справка в кармане! Дедушка, не слушайте его!

– Я не понимаю, – бормотал горемычный дед. – У меня яйца в сумке, осторожно, товарищи.

– Товарищи! – скорбно произнесла пришедшая в себя Мэгги. – Проверьте для начала его документы. Его фамилия Кузнецов.

Документы деда проверили. Его фамилия оказалась Ковалев. Деда общественность отпустила немедленно, а Мэгги пожурила и отпустила тоже, наказав не безобразить.

– Что с тобой? – брезгливо говорил Билл. – Что

бы там ни болтали, мы все-таки цивилизованные предприниматели, а не, понимаешь, городская шпана. Что за стиль отношений?! Мне хочется вымыть руки.

– Shut up, – сказала Мэгги. Билл от удивления заткнулся.

Смит кузнец, Кузнецов кузнец, но ведь и Ковалев тоже от коваля, кузнеца. Так значит...

Глава 60. Жизнь, ее цели и смысл

Выздоровление Давида Гуренко произошло внезапно, словно воссстановился контакт в башке. Месяца три-четыре партнеры не могли нахвалиться на него – бодрого, въедливого и жадного. Потом как-то сообразили, что пахать-то Давид пашет, а от общего досуга отлынивает. По всему получалось, что он копит бабки. А зачем копит? Ясное дело – хочет слинять.

В Москве случилась весна. Мэгги, сидя у окошка, перебирала пальцами Давида Гуренко свой валютный запас. Ей уже хватало на билет до Багам, но идиотская стилистика времени вынуждала ее покупать бессмысленный обратный билет. Что до операции, то Мэгги была уверена в том, что халтурщик Перкинс по дружбе покромсает ее бесплатно.

В дверь позвонили. Мэгги отворила – там стояла тусклая женщина. Мэгги, как бы с усилием провернув собственные мозги, узнала ее: это была Валентина, ближайшая подруга ее бывшей жены – дерьмо! бывшей жены Давида Гуренко.

– Здравствуй, Валентина. Проходи, сейчас я поставлю чай.

Валентина, ободренная приемом, вошла.

Забота переполняла Валентину. Прямо за чаем она стала выливаться из нее – слеза за слезой.

– Что с тобой? – встревоженно спросила Мэгги. – Чем я могу тебе помочь?

Впрочем, можно было и не спрашивать. Конечно же, муж Валентины, изможденный нищетой и отсутствием перспектив, в отчаянии нырнул в омут коммерции и мгновенно пошел ко дну. И если не достать сегодня же сумму... может быть, кому-то и небольшую...

– Это все, что у меня есть, – сказала Мэгги растерянно.

– Мне не к кому больше идти, Давид Иосифович, – сказала Валентина, ошеломленная тем, что Давид не отказал мгновенно. – Мы отдадим... потом. Я... если хотите... – она начала расстегивать блузку; Мэгги поначалу подумала, что несчастной женщине просто стало душно, но потом поняла ее намерение и воспрепятствовала с необычайной жесткостью.

– Что же это вы, Валентина, – сказала Мэгги сухо и неодобрительно, – надо же как-то все же... Гордость, что ли...

– Когда дети, – захлебываясь рыданиями, сказала Валентина, – тогда гордость...

Она, не договорив, уронила голову на край стола. Мэгги принесла денег. Валентина попыталась поцеловать ей руку – Мэгги вместо этого поцеловала ее в голову.

– Тебя проводить?

Валентина, мотая головой, убегала.

– Погоди! Возьми вот еще на такси, а то ты в таком состоянии... ограбят тебя.

Валентина взяла сто рублей на такси.

– Заходи. Заходи ради Бога просто так. Расскажешь, как обошлось.

Хлопнула дверь.

Мэгги вернулась к окну. Зачем-то открыла красивый бумажник – оттуда ей улыбнулась черная пустота.

Ничего, снова накоплю.

– Как накопишь, – немного глумливо ответили ей небеса, – так и раздашь.

Мэгги прислонилась лбом к стеклу.

Только что прошел дождь. Ранняя зелень то там, то сям вспыхивала на черноте ветвей. Чужие дети в излишне теплых разноцветных курточках возились на площадке с непременной металлической черепахой, горкой и турником.

Упадут... изгваздаются...

Так и жить дальше – в чужом теле, в непонятной стране, не родив ребенка... Может, взять из детского дома...

Она, поцарапав руку о собственную щетину, открыла форточку.

Свежий-свежий воздух ворвался в комнату.

Глава 61. Вместо эпилога

Дорогая Эрнестина!

Тут у нас снова дождь и нет другого дела, как писать длинные письма.

Я часто думаю о Вас, а два раза видела во сне Вашу веранду. Боюсь, что не вспомню название того вьющегося растения, – впрочем, это, наверное, неважно.

Мне приснилось, что Вашу грядку с маисом разорили опоссумы. Несмотря на отдельные детали, это был совершенно русский сон.

Кланяйтесь Слейтону и Барбаре. Чтобы не забыть – у Слейтона на рюкзаке расходится шов. Заштопайте его или скажите Барбаре заштопать, а то будет дырка, и что вывалится в нее, того уже не найти.

…

Дорогой д-р Джерри Скайлз!

Мне кажется, что помимо практической хирургии и руководящей работы Вам следует вернуться к театру, пусть любительскому. Уверена, что Вы осилите «Отелло», если возьметесь за главную роль, а Перкинсу доверите сыграть Яго.

Представьте себе шекспировских героев в стилистике Чехова и Станиславского. Это где-то там, за сценой, они короли, принцы, мавры. А тут они снимают парадные костюмы и остаются в домашних халатах. И на них наваливаются проблемы человека как такового. Отелло, в частности, так увлекается мыслью о неверности Дездемоны, мыслью, кстати, поверхностной и ложной, потому что не знает, что делать с ее любовью и верностью, что делать с обычным благополучным ходом жизни. В ясную погоду видно до горизонта, а что там, за ним, нам неведомо. И мы придумываем себе тучки, чтобы с тем или иным успехом их разгонять.

Это звучит сумбурно, но я уверена, что Вы понимаете меня.

...

Горли!

Где теперь достанешь настоящий табак?

Конечно, в Москве!

Приезжай сюда, я сдам тебе целую комнату, если ты обещаешь ко мне не приставать. Впрочем, я теперь довольно паршиво выгляжу, и приставать ко мне можно разве что сослепу.

Тут настоящий рай для журналиста. Тебе не придется искать проблему, как свинье трюфель. В России нет дефицита проблем – это я тебе гарантирую.

Приезжай, мне скучно без тебя. Правда, странно? – ты ведь у нас довольно туповат и занудлив. Если хочешь с этим поспорить, приезжай.

...

Маркус!

Пришла пора сеять редиску. Громов и Хабибулин бредут на огород с лопатами за плечами, как два могильщика в «Гамлете». Я бы объяснила тебе, чем совковая лопата отличается от штыковой, да боюсь, твой шаловливый компьютер съедет по этим двум словам на историю СССР, да там и зависнет.

Каждому полоть свой огород. Желаю тебе сделать Нью-Йорк чуть-чуть чище, хотя до Эдема ему далеко. Вспоминай меня хоть иногда. Ты настоящий друг. Знаешь, по зрелому размышлению я пошла бы с тобой в разведку. Вот только что разведывать нам с тобой в этом прибранном мире?..

Фрэнк!

Не воруй, пожалуйста. Я не могу объяснить тебе, почему не следует воровать. Просто в память обо мне, если я тебе действительно нравилась. Я на долгом задании и не знаю, вернусь к тебе или нет, но когда-нибудь, где-нибудь мы непременно встретимся, и там будет важно, прекратил ли ты воровать, а если все-таки не прекратил, то сколько воровал, по острой ли нужде и куда тратил деньги. Как бы тебе объяснить… есть что-то вроде службы надзора с совершенными технологиями слежения, и ее никому не удается ни подкупить, ни обмануть.

…

Гэри!

Жена любит тебя. Дети любят тебя. Мы с Лизой и Маркусом тоже любим тебя. Знаешь, ты храбрее нас, потому что на каждую напасть прешь прямо лоб в лоб. Ты похож на Дон-Кихота, путешествующего по мрачным закоулкам собственного мозга с копьем наперевес. Только не опускай копья, не становись таким, как все. И пусть всегда будет пицца в твоем холодильнике.

…

Лиза, дорогая моя подружка!

Представляешь – я выбираюсь из дома, тут лежит черноватый снег, из-под него торчит прошлогодняя практически бесцветная трава, я думаю: «вот снег, вот трава», – и вдруг чувствую, что я – это ты, не в лучшем виде, с мутными глазенками, топаю себе к таким же бестолковым друзьям.

Я не встречала еще человека дружелюбнее и чище тебя, дорогая Лиза. И твоя уверенность в незначительности смерти – знаешь, иногда, долгими вечерами, когда я лежу в своей одинокой постели, она представляется мне не то что достоверной, а просто решенной до конца, уже сложившейся из этой постной темноты вокруг. Знаешь, это, наверное, и есть залог бессмертия. Да ты-то знаешь…

Я ведь старая дева, да такой, как видно, и останусь. Тут мы непохожи с тобой, но ты понимаешь и я понимаю, как неуютно бывает человеку.

Ладно, а то я совсем так растекусь по листу. Ступай к своим счастливым друзьям, счастливым хотя бы оттого, что у них есть ты.

…

Полковнику Уайту Г.Левинсону, ФБР, лично.

Полковник! Если это письмо дошло до Вас, стало быть, выдвинутые против Вас обвинения ложны, и я могу обратиться к Вам как честный агент к честному агенту.

Мое движение на Запад оказалось размашистее, чем я рассчитывала. Словом, я нахожусь в Москве (Россия). Грим, конспирация, легенда – на страшной высоте.

Докладываю: город и его жители не представляют

реальной угрозы как для американского народа, так и для любого другого. Типичные недостатки москвичей носят сугубо внутренний характер. Флегматизм, например, или недостаток денег.

Не поймите последнее как завуалированную просьбу о финансовой помощи. Ваша карта, правда, куда-то подевалась вместе с моей сумочкой, но вряд ли я смогла бы здесь воспользоваться ее аналогом, не возбудив при этом излишнего интереса своих теперешних соотечественников. Общество тут открытое, иногда даже в ущерб праву личности на частную жизнь.

Звонят в дверь. Сжигаю письмо. Чертовы спички!..

Тревор! Ну здравствуй, старикан. Я догадываюсь, ты меня не ждал.

Не молись всуе и не крестись так мелко: с небес это выглядит как простая дрожь. Я не призрак и не глюк. Я жива, а если ты чего и видел, так плюнь и забудь.

Попомни мои слова – жизнь прекрасна и удивительна, а что более удивительна, чем прекрасна, так стоит ли на это роптать...

Мистер Блэк обосновался на Северном полюсе и в ближайшие триста лет не намерен оттуда съезжать. Так что резвись, старикан, пили себе бревна, пей пунш, вспоминай свою прекрасную и удивительную жизнь и не всматривайся туда, куда не стоит всматриваться.

...

Майк и Катарина!

Свет истины – это не метафора. Это что-то вроде юпитера на телестудии, но мощнее раз в пять. От него слезятся глаза. В его огне выгорает вещь, но остается сердцевина любой вещи.

Катарина! Если вдруг мое платье осталось у тебя, подари его, пожалуйста, Клаудии или Элизе, они уже обе засиделись в невестах. Но срежь один бантик или какую-нибудь штучку на память о моей короткой красоте. Пусть этот бантик хранится в вашем магазине, пока Мак не состряпает о нем простую историю.

Вряд ли я дождусь ответа от вас, но пишу обратный адрес – так, на всякий случай...

В месте послесловия

Не успел я прожить 64 года, как попал в сказку про идеального издателя. Он предложил мне издать, что я захочу, и речь об оплате душой пока не зашла. А я, недолго думая, выбрал «Великую страну», хотя она издавалась дважды книгой плюс еще раз в периодике. Между тем, некоторые мои вещи уже устали ждать встречи с читателем и отчаялись. Вот так, значит, одним все, другим – ничего? Значит, так, и вряд ли вас это всерьез удивляет.

Писать о себе – занятие, предполагающее довольно бедную маневренность. Можно развесить относительные оценки (все в целом то ли божественно, то ли отвратительно, не мне судить, но вот этот кусок – мой любимый). И если есть прототип – человек или город с рекой – автор может сорвать маски, не рискуя ошибиться.

Почему мне нравится «Великая страна»?

Потому что мне нравилось ее писать, а сейчас нравится вспоминать, как я ее писал.

А писал я строчку, не зная, что будет в следующей, и не выдумывал диалог, а слышал реплики героев, и сперва думал, что это короткий рассказ, но он не кончался, и не кончался, и дорос-таки до небольшого романа.

А еще я почему-то не боялся его сглазить, и давал в неоконченном состоянии людям, и даже устроил вечер, написав едва ли треть, и мой лучший друг Миша Новиков сказал мне несколько теплых слов. А потом (в конце 2000-го) он погиб в автокатастрофе, а я дописал роман в 2001-м, и если бы вел себя как положено, мой лучший друг и мой лучший роман так бы и не встретились, что, впрочем, пустяк по сравнению с остальным.

Вряд ли стоит сопоставлять хронотоп (да, я знаю это слово!) «Великой страны» с реальной Америкой: автор сперва написал роман, а потом уже попал в разнообразные штаты Америки.

И еще одно.

Мир «Великой страны», несмотря на наличие в ней профнепригодных персон, коррумпированных копов, мафиози и даже лично дьявола, добродушен. Сегодня добродушие не в ходу, и практически все захлестнуты яростным сознанием собственной правоты. Повторяю с незначительным изменением слова булгаковского Мастера: как же я не угадал! Можно сказать, ни одной буквы. Одно утешение: если не вышло пророчество, то вышла альтернативная реальность.

Вспоминается одна сценка.

Нашему старшему сыну Пете шесть, он сдает экзамен в музыкалку. Позитивная учительница нажимает на клавишу, прикрывая все мероприятие свободной ладонью. Пете предлагается нащупать ту же ноту. Он нажимает на свою клавишу, даже на мой несуществующий слух, весьма далекую от первоисточника.

– Нет, послушай внимательнее...

Учительница вторично нажимает на ту же клавишу. Петя – на свою. Тогда учительница убирает вторую руку и нажимает в светлую – вот!

– А мне кажется, – отвечает Петя, – моя нота вернее.

Вот и мне кажется, что моя вернее.

Содержание